中國企業年金治理及其風險控制研究

辜 毅○著

總　　序

　　改革開放30年多年以來，中國社會發生了翻天覆地的變化，其巨變集中體現在社會經濟結構的轉型上。中國社會經濟結構的轉型是多維度、多層面的，包括計劃經濟向市場經濟的轉型，農業社會向工業社會以及信息化、知識化社會的轉型，農村社會向城市社會的轉型，封閉社會向日益開放社會的轉型。伴隨中國社會經濟結構的轉型，社會保障制度建設與改革發展既是其中的重要內容，也是維繫整個改革開放事業順利進行和促進國家發展進步的基本制度保障。回顧中國社會保障改革發展歷程，與整個改革開放事業一樣，同樣波瀾壯闊，同樣非同尋常。中國社會保障制度建設與變革，以其所具有的全局性、普遍性、深刻性和複雜性，已經並還在繼續影響著中國全面深化改革的進程。

　　《中共中央關於制定國民經濟和社會發展第十三個五年規劃的建議》將建立更加公平更可持續的社會保障制度作為「十三五」我國社會保障改革發展的指導思想。在人口老齡化挑戰日益逼近的腳步聲中，在新型城鎮化步伐日益加快的進程中，在經濟步入新常態的發展格局下，在社會風險日趨嚴峻的現實挑戰下，我國社會保障制度建設的步伐只能加快，社會保障理論創新、制度創新、機制創新對於實現制度的可持續發展更顯得至關重要。由於社會保障制度安排的複雜性以及社會公眾的高度敏感性，需要我們對社會保障制度建構的宏觀背景、約束條件、發展經驗、制度設計及有效運行等進行深入細緻的梳理和反思，認真總結經驗教訓。我們要從歷史經驗的總結中，從國際經驗的學習借鑑中，從未來挑戰的應對策略中，對社會保障制度建設進行整體、系統、動態的分析思考，在理論創新、制度創新、管理機制創新的同步整合中，實現中國社會保障制度改革發展的歷史性跨越。

　　可以預見，隨著我國綜合國力的日益增強，城鄉居民社會保障需求的增長，中國社會保障制度建設必將邁出新的步伐，未來將會有越來越多的城鄉居

民直接受惠於這場意義深遠的重大民生工程，這自不待言。但由於中國社會保障制度建設的複雜性、長期性和高度敏感性，需要從戰略發展高度，從整體性、系統性、科學性的高度關注其科學發展、統籌協調發展和可持續發展問題。而這一目標的實現，則具有巨大的挑戰性，需要我們系統總結社會保障制度國際、國內發展的經驗和教訓，從制度變遷的路徑依賴中，積極探索適合我國國情的社會保障制度創新之路；需要我們從歷史、現實及未來的結合中，探討社會保障發展的內在要求和發展規律；需要我們從轉變思維方式的高度，總結和提煉制約社會保障制度可持續發展的各種顯性和隱性的因素及其相互作用的機制，從歷史研究、比較研究、系統研究框架中，實現社會保障的理論創新和制度創新；需要我們從社會保障的改革實踐中，總結和提煉中國特色社會保障的理論模式、制度模式，從而實現理論創新和制度創新的新跨越。

「老齡化與社會保障研究中心」是四川省社會科學重點研究基地，該中心的研究方向為：老齡化與養老保障、社會醫療保障管理體制機制創新、社會保障基金管理與金融市場發展。老齡化與社會保障研究中心始終堅持以引領學科發展前沿和服務經濟社會發展為根本目標，以學科建設為牽引，以學術團隊建設為抓手，以人才培養、科學研究和學術創新為主要任務，努力將社會保障研究中心建設成在國內具有廣泛社會影響力的社會保障理論和政策研究高地，成為四川省和國家社會保障改革決策的重要智庫。有鑒於此，老齡化與社會保障研究中心以努力構建中國特色社會保障理論體系為己任，以分析和解決中國社會保障制度建設實踐中的重大問題、緊迫問題為導向，推出社會保障前沿問題研究系列叢書。希望該系列叢書能夠切實推動中國社會保障理論創新，為推進中國社會保障制度創新和管理機制創新做出應有的貢獻。

林義

摘　要

在全球老齡化挑戰不斷加劇和各國多層次養老保障體系不斷改革完善的背景下，企業年金作為多層次養老保險體系中第二層次補充養老保險的重要組成部分，在提供養老保障制度供給，提高老年人生活水平方面發揮著巨大的作用。正是因為企業年金對於經濟社會發展有著如此重要的作用，從建立之初就受到了各國的普遍重視，理論界與實務界也對企業年金制度的發展進行了長時間的系統研究。從 20 世紀末開始，企業年金治理與風險控制逐步成為國際養老保障的前沿與熱點領域。特別是在 2008 年國際金融危機發生之后，企業年金乃至整個養老保險基金的風險控制問題已成為各國政府亟待解決的難題。國際金融危機的蔓延由金融領域傳導至資本市場，進而再影響實體經濟，這對於和宏觀經濟以及資本市場等領域有著天然聯繫的企業年金必然會帶來嚴重的后果。因而企業年金合理的治理結構、安全的投資營運、有效的風險控制成為關乎經濟發展和社會穩定的重要條件。

就全球企業年金治理和風險控制的發展來說，由於發達國家和發展中國家在企業年金發展過程中處於不同的階段和水平，其運用的治理結構和風險控制手段存在明顯的差異性。而企業年金治理及風險控制內嵌於特定的制度環境，具有超越於一般技術和機制層面的制度性約束。不同文化背景下企業年金治理結構及安全營運，有其明顯的差異性的制度特徵。如何從紛繁複雜的企業年金治理結構的外觀下，揭示文化、習俗、傳統等因素，如何影響企業年金治理機制的形成及運行，揭示企業年金治理各方博弈的制度文化條件，揭示非正規制度如何以及在何種程度上內在地制約正規制度的形成及路徑依賴特徵，這是非西方國家實施企業年金有效管理的前提條件和關鍵性約束條件，也是需要強化的研究課題。因此我國的企業年金在進行治理結構選擇和風險防範方面必然具有自身的特色。其治理機制和風險控制模式可以借鑑國外在該領域的治理原則，但是也應當避免對國外模式的生搬硬套以及由此造成的制度依賴，以期維護國家的金融安全和穩定。我國的企業年金經歷了近 20 年的發展，由最初的

企業補充養老保險發展而來。2004年，隨著《企業年金試行辦法》和《企業年金基金管理試行辦法》的頒布，我國以信託型為特點的企業年金制度正式建立起來，可以說整個制度的建設還處於初級階段，學習和借鑑其他國家企業年金風險控制的有益經驗，立足於我國養老保險改革20多年的具體實踐，從中提煉出能夠反應我國國情的企業年金治理結構的基本理論內核和發展脈絡，分析我國企業年金治理結構及其風險控制的制度化約束條件，探討我國企業年金有效監管的制度框架和政策思路，具有重要的理論和決策價值及重要的現實意義。企業年金合理治理機制的構建從根源上講，都是為后續的企業年金風險管理服務的，因而本書研究的重點也主要集中在企業年金如何通過治理機制的選擇做好風險控制工作；在新形勢下，如何對現有的企業年金運行和風險管理體系進一步完善。最終本研究提出我國在企業年金治理與風險控制方面的政策建議。

本書分為七章，從整體結構上可以分為三個部分。第一部分主要闡述了企業年金治理與風險控制的相關理論，進而分別對治理結構和風險控制進行分析，主要包括第一章至第三章。第二部分主要探討了企業年金治理與風險控制之間的互動關係，提出了兩者之間的約束條件和傳導機制，主要集中在第四章。第三部分針對我國企業年金治理與風險控制發展的現狀，分析了我國企業年金治理與風險控制的核心要素，以及與之相關的環境因素和配套機制，最后提出相應的政策建議，包括第五章至第七章。

具體的內容與觀點如下：

第一章　企業年金治理及其風險控制的理論基礎　本章是理論研究的出發點，首先梳理了企業年金治理與風險控制的理論基礎以及最新的發展。企業年金治理的相關理論經歷了從傳統的治理理論到公司治理理論再到養老金治理理論的發展過程。作為企業年金治理理論的基石，養老金理論近年來獲得了長足的發展。《OECD企業年金治理準則》及其修訂版的問世，為企業年金治理帶來了框架性的指導建議。對於風險控制理論，本書主要探討了風險管理理論和風險監管理論，從中可以看出金融風險管理和監管也不再基於傳統的風險管理模式，而是向全面性的基於風險的管理方向邁進。企業年金治理和風險控制發展的理論與最新發展將為我國構建完善的企業年金治理與風險控制框架提供參考依據。

第二章　企業年金治理結構分析　本章首先基於《OECD企業年金治理準則》的要求闡述了企業年金治理結構的一般結構框架。企業年金的治理主要分為內部治理與外部治理兩個方面。內部治理主要表現為基於風險的內控機制，而外部治理則主要體現在政府監管部門的監管以及仲介機構和行業自律組織的協調補充。本章第二部分從國際比較的視角，分析具有典型意義的發達國

家企業年金的治理結構，為后續企業年金治理結構趨同性和差異性分析奠定了基礎。本書從制度分析入手，從經濟達爾文主義對治理結構趨同性和差異性的解釋、制度變遷角度對治理結構趨同性和差異性的解釋、路徑依賴與制度互補性的角度對治理結構趨同性和差異性的解釋三個角度分析了影響企業年金治理結構趨同性和差異性的正式制度因素與非正式制度因素。

第三章 企業年金治理的風險控制分析 首先，本章按照與治理是否相關的原則，在企業年金營運的眾多風險中選取了與治理直接相關的風險和與治理間接相關的風險兩類。與治理直接相關的風險主要是委託代理風險，而與治理間接相關的風險包括投資風險和操作風險。其次，本章對上述風險產生的成因進行了分析。企業年金委託代理風險主要是由於信息不對稱、契約不完全、剩余索取權與剩余控制權不匹配以及風險鏈條過長造成的。投資風險則受到一國經濟發展、資本市場環境、監管環境等多方面的影響。操作風險則與人的因素有關，這直接與企業年金計劃的內控機制相聯繫。在對風險因素和其成因進行了分析之後，對相應風險的評估方法進行了簡要介紹。本章最后探討了風險控制的主要方法。

第四章 企業年金治理與風險控制互動分析 本章首先對企業年金治理與風險控制互動的意義進行了探討。治理與風險控制的互動將對經濟發展、社會穩定、社會保障制度和資本市場的發展產生深遠的影響。本章總結了企業年金治理與風險控制互動的傳導機制，包括以風險為基礎的企業年金內控機制；企業年金的信息披露和報告制度；企業年金各治理主體選擇機制和培育體系，總結出企業年金治理與風險控制中由企業年金治理到企業年金風險控制再到企業年金治理雙向循環過程，整個過程伴隨從繳費到給付的企業年金運作始終。本章最后對企業年金治理與風險控制的約束機制進行了分析，並初步探討了兩者之間互動的績效關係。

第五章 我國企業年金治理及其風險控制的現狀分析和評價 本章梳理了我國企業年金發展歷史，並就當前企業年金治理與風險控制中的現狀進行了分析和評價。

第六章 我國企業年金治理及其風險控制的影響因素分析 本章第一部分對我國企業年金治理及其風險控制的外部環境進行了分析，明確了治理與風險控制中政府與市場之間的關係和邊界以及由此所引申出的責任分攤，有利於發揮兩者對企業年金治理與風險控制發展的協同效應。本章第二部分從企業年金治理中各個當事人的角度對影響企業年金治理的核心要素進行研究。第三部分分析了我國治理結構的風險源頭和風險鏈條，這些都是我國信託型企業年金治理中信託關係和委託關係所產生的。本章最后一部分是對基於行為金融學的理

論探討，對我國企業年金治理及其風險控制中利益相關者的行為進行了研究。

第七章　我國企業年金治理及其風險控制的政策研究　本章首先提出構建我國企業年金治理與風險控制的長效機制。在企業年金治理方面主張完善我國企業年金治理結構和治理機制，與多層次社會保障體系改革相結合，探索適合我國企業年金的治理結構，在風險控制方面則主張著重構建適合我國企業年金治理及其風險控制發展的監管體系，主要從風險約束機制、風險監督機制、風險分散機制和風險補償機制方面進行詳細闡述。其次強調完善企業年金治理及其風險控制發展的外部環境和配套機制。外部環境包括資本市場、代理人市場和仲介市場的建設，配套機制主要涉及激勵分配機制、法律制度、文化認同以及信任制度。

本研究主要的創新之處包括以下三個方面：

（1）在對各國企業年金治理結構進行分析的基礎上，從制度分析角度研究了企業年金治理結構的趨同性和差異性，並對其影響因素進行了闡述。現階段絕大多數文獻對企業年金治理結構主要還是處於綜述階段，著重介紹不同治理結構的異同，並從法律體系角度簡單地闡述了各國採用不同治理結構的原因，尚未從制度分析的角度對企業年金治理結構的趨同性和差異性進行研究。本書從制度分析的角度出發，依據經濟達爾文主義、制度變遷理論以及路徑依賴和制度互補性的分析思路，對企業年金治理過程中的治理結構趨同性和差異性進行了論述，這是本書的創新點之一。

（2）在企業年金治理與風險控制的文獻綜述中可以看出當前絕大多數文獻幾乎都只是單就企業年金治理與風險控制兩者之一進行分析論述，沒有從理論角度將兩者結合起來進行研究。本書將企業年金治理研究與風險控制分析納入一個整體的分析框架進行研究，嘗試探尋兩者之間互動的理論聯繫，探索性地論述了企業年金治理與風險控制互動之間的傳導機制以及約束條件，並對兩者之間互動的績效評估做了初步研究，有助於進一步深化對這一問題的研究。

（3）本書結合我國企業年金發展的現狀和趨勢，依據企業年金治理與風險控制互動的分析思路，創新性地提出了反應我國制度環境特點的企業年金治理與風險控制的政策思路，強調了我國必須構建企業年金治理與風險控制的長效機制，並注重企業年金制度環境的培育，特別是需要加強文化認同以及信任制度的建設。

關鍵詞：企業年金；治理；風險控制

Abstract

Pacing with the challenge of aging and establishment of national multi-level old-age security system, occupational pension makes an important role as one of the supplementary old-age insurances. Occupational pension is a plan that employer establishes for employees or builds by both of them. So the research on occupational pension governance and risk-control becomes a cutting-edge and hot issue, especially in the stage of financial crisis. All the countries in the world worry about how to solve the problem of pension governance and risk-control. The spread of financial crisis which conducts from financial sector to capital market, then further affects the real economy. It is because that occupational pension has natural links with financial field, capital market and real economy. It must be a considerable impact in the occupational pension development. As this reason, occupational pension structure, safely investment and effectual risk-control have became one of the important conditions related to economic development and social stability.

The author emphasizes comprehensive study on the occupational pension governance and risk-control in China. As the developed and developing countries develop in different stages and levels of occupational pension, there are some differences in the governance structure and risk-control selection. Occupational pension governance and risk-control embedded in a specific environment, and it exceeds the general technological level and mechanism constrains. Different cultural backgrounds have different system characteristics in the occupational pension governance structure and safety running. How to reveal the factors of culture, custom, tradition and so on in the appearance of complex occupational pension system? How to reveal the game between participants? How to reveal the non-formal institution that affects the forms and path-dependent features of the formal institution inherently? All the questions above are the prerequisite and key constraint of how to manage occupational pension effectively in non-western countries. It is necessary to cognize that occupational pension governance and risk-control in China has its own feature. Although system can be transplanted from abroad in principles, it should also avoid merely copying foreign models and avert dependence completely in order to safeguard the country's financial security and stability. Occupational pension system builds in 2004 in China. From that time, how to establish occupational pension governance and risk-control has become a problem not only for practical apartments, but also academic institutions. Currently, domestic and foreign academic institutions of pension governance and risk - control mainly concentrate on the general mechanisms and technical levels, lacking of original research from the institutional environment, social and cultural environment, institutional restraints and path dependence, especially based on the specific social and economic conditions in China. So we must explore the occupational pension governance and risk-control methods, and make sure it can operate safely with the Chinese social and economic characteristics. Thus, this study will adopt international comparative analytic method to compare with some typical developed and developing countries in the field of occupational pension governance and risk-control.

This paper has 7 chapters. We can divide it into three parts. The first part is the theory of occupational pension governance and risk control, including chapter 1, chapter 2 and chapter 3. The second part is the interactive relationship between governance and risk control. It is mainly relative to chapter 4. The third part includes chapter5, chapter6 and chapter7. It provides some policy suggestions and supporting measures based on the analysis of development of occupational pension governance and risk control in China, and its influence factors.

The chapter one is the theoretical principle of occupational pension governance and risk control. The occupational pension governance theory is from traditional governance theory to corporate governance and then to the pension governance. OECD pension fund guideline gives the framework for the pension fund governance. The risk control theory contains risk management and risk supervision.

The chapter two describes the general structure of occupational pension. It contains internal governance and external governance. The internal governance has the mechanism of risk-based internal control, and the external governance contains supervision of government, mediator and industry self-regulatory organization. From the international comparison, we analyze the governance structure in the developed and developing countries and finally explain why they have the features of similarities and differences.

The chapter three is the analysis of occupational pension risk control. In this chapter we divide the risks into two types, one is directly related to governance and another is indirectly related to governance. The risk directly related to governance usually is agency risk. The risks indirectly related to governance are mainly investment risk and operation risk. Different risk has its individual causes which need us to deeply study. In the last part, we provide some methods for controlling risks.

The chapter four is about the interaction between occupational pension governance and risk control. The interaction has an important significant for economic development, social stability, social security and capital market. So we analyze the transmission mechanism of governance and risk control, including internal control, disclosure and report, the selection and cultivating mechanism for governance bodies. The process of interaction is from governance to risk control, and then to governance.

The chapter five is the development of occupational pension governance and risk control in China. It is mainly including the development history, policies and relatives regulations.

The chapter six mainly analyzes the influence factors of occupational pension governance and risk control in China. First, we emphasize the relationship between government and market which will promote the synergism effect in occupational pension governance and risk control. Second, it is necessary to analyze the influence factors from the perspective of governance bodies in the pension governance, especially related to risk sources and risk chains. At last, we analyze the behavior of stakeholder in the occupational pension governance and risk control using the theory of behavioral finance

The chapter seven is about policy suggestion. Firstly, we must establish a sustainable mechanism of occupational pension governance and risk control. In the aspect of pension governance, it is necessary to update the governance structure and mechanism combing with the reform of multi-pillar social security system. In the aspect of risk control, it is important to establish a proper regulation system which is including risk constrain, risk supervision, risk dispersal and risk compensation. Secondly, we need to emphasize the effect of external environment and supporting measures. External environment contains capital market, agency market and intermediary market. Supporting measures contain incentive and allocation mechanism, legislation, cultural identity and trust institution. Finally, we propose some policy suggestions to improve the development of occupational pension based on the analysis above.

Keywords: Occupational Pension, Governance, Risk Control

目　錄

- 0　導論 / 1
  - 0.1　選題背景、意義和目的 / 1
  - 0.2　國內外研究現狀及其文獻綜述 / 5
    - 0.2.1　國外研究現狀及其文獻綜述 / 5
    - 0.2.2　國內研究現狀及其文獻綜述 / 8
  - 0.3　論著的基本思路和邏輯結構 / 12
  - 0.4　論著的研究方法 / 15
    - 0.4.1　制度分析方法 / 15
    - 0.4.2　比較分析方法 / 15
    - 0.4.3　行為金融分析方法 / 16
    - 0.4.4　跨學科分析方法 / 16
  - 0.5　本研究主要的創新之處與不足 / 16
    - 0.5.1　主要創新之處 / 16
    - 0.5.2　主要不足之處 / 17
- 1　企業年金治理及其風險控制的理論基礎 / 18
  - 1.1　企業年金治理理論 / 18
    - 1.1.1　治理理論 / 18
    - 1.1.2　公司治理 / 20
    - 1.1.3　養老金治理 / 24
  - 1.2　企業年金風險控制理論 / 27
    - 1.2.1　風險的認識 / 27
    - 1.2.2　風險管理理論 / 27

           1.2.3　金融監管理論 / 30

2　企業年金治理結構分析 / 34

　　2.1　企業年金治理結構的框架分析 / 34
　　　　2.1.1　以企業年金受益人的利益為核心 / 34
　　　　2.1.2　以內部治理與外部治理相結合為措施 / 34
　　　　2.1.3　以強調治理主體責任為重點 / 35
　　　　2.1.4　以信息披露和報告機制為途徑 / 35
　　2.2　企業年金的內部治理與外部治理分析 / 35
　　　　2.2.1　內部治理 / 36
　　　　2.2.2　外部治理 / 38
　　2.3　企業年金治理結構的類型劃分 / 39
　　2.4　企業年金治理結構的國際比較 / 41
　　　　2.4.1　盎格魯—撒克遜國家企業年金治理結構 / 41
　　　　2.4.2　歐洲大陸國家企業年金治理結構 / 45
　　　　2.4.3　斯堪的納維亞半島國家企業年金治理結構 / 48
　　　　2.4.4　東亞國家企業年金治理結構 / 49
　　2.5　企業年金治理結構趨同性和差異性問題的影響因素分析 / 50
　　　　2.5.1　經濟達爾文主義對治理結構趨同性和差異性的解釋 / 50
　　　　2.5.2　制度變遷理論對治理結構趨同性和差異性的解釋 / 53
　　　　2.5.3　路徑依賴與制度互補性理論對治理結構趨同性和差異性的解釋 / 54

3　企業年金治理的風險控制分析 / 56

　　3.1　企業年金風險的識別 / 56
　　　　3.1.1　與企業年金治理直接相關的風險 / 56
　　　　3.1.2　與企業年金治理間接相關的風險 / 58
　　3.2　企業年金風險的成因分析 / 60
　　　　3.2.1　委託代理風險的成因 / 60
　　　　3.2.2　投資風險的成因 / 62
　　　　3.2.3　操作風險的成因 / 63

3.3 企業年金的風險評估 / 63
    3.3.1 委託代理風險評估 / 63
    3.3.2 投資風險評估 / 63
    3.3.3 操作風險評估 / 65

3.4 企業年金的風險控制 / 65
    3.4.1 企業年金風險控制：基於與治理直接相關的風險 / 65
    3.4.2 企業年金風險控制：基於與治理間接相關的風險 / 67

4 企業年金治理與風險控制的互動分析 / 70

4.1 企業年金治理與風險控制互動的意義 / 70
    4.1.1 企業年金治理和風險控制對經濟發展的意義 / 70
    4.1.2 企業年金治理和風險控制互動對社會穩定的意義 / 71
    4.1.3 企業年金治理和風險控制互動對社會保障的意義 / 71
    4.1.4 企業年金治理和風險控制互動對資本市場的意義 / 71

4.2 企業年金治理和風險控制互動的傳導機制分析 / 72
    4.2.1 以風險為基礎的企業年金內控機制 / 73
    4.2.2 企業年金的信息披露和報告機制 / 74
    4.2.3 企業年金各治理主體的選擇機制和能力培育體系 / 74

4.3 企業年金治理與風險控制互動的基本框架 / 75

4.4 企業年金治理與風險控制互動的一般性約束條件 / 76
    4.4.1 企業年金治理結構發展路徑 / 76
    4.4.2 企業年金風險控制體系和監管機制 / 77
    4.4.3 金融市場和資本市場的規模、效率和成熟度 / 78
    4.4.4 企業年金治理及風險控制的制度環境和綜合配套制度 / 79

4.5 企業年金治理與風險控制互動的績效評估 / 79
    4.5.1 定性評估 / 80
    4.5.2 定量評估 / 80

5 我國企業年金治理及其風險控制的現狀分析和評價 / 82

5.1 我國企業年金治理及其風險控制的現狀 / 82
    5.1.1 我國企業年金治理及其風險控制回顧 / 82
    5.1.2 我國信託型企業年金治理與風險控制的現狀 / 85

5.2 我國企業年金治理及其風險控制的評價 / 90

  5.2.1 我國企業年金治理的評價 / 90

  5.2.2 我國企業年金風險控制的評價 / 92

6 我國企業年金治理及其風險控制的影響因素分析 / 96

 6.1 我國企業年金治理及其風險控制的外部環境因素分析 / 96

  6.1.1 我國企業年金治理及其風險控制中政府與市場機制的關聯分析 / 96

  6.1.2 我國企業年金治理及其風險控制的相關配套制度 / 99

 6.2 影響我國企業年金治理的核心要素 / 101

  6.2.1 委託人 / 101

  6.2.2 受託人 / 102

  6.2.3 其他基金管理當事人 / 102

  6.2.4 企業年金基金管理機構之間的權利制衡是保證企業年金平穩運行的基礎 / 102

 6.3 我國企業年金治理結構的風險源和風險鏈分析 / 103

 6.4 我國企業年金治理及風險控制中利益相關者的行為分析 / 104

  6.4.1 金融行為分析理論 / 104

  6.4.2 企業年金計劃委託人的行為分析 / 106

  6.4.3 專業機構和管理者的行為分析 / 107

7 我國企業年金治理及其風險控制的政策研究 / 109

 7.1 構建我國企業年金治理與風險控制的長效機制 / 109

  7.1.1 完善我國企業年金治理結構和治理機制 / 109

  7.1.2 構建適合我國企業年金治理及其風險控制發展的監管體系 / 115

 7.2 完善我國企業年金治理及其風險控制發展的外部環境和配套制度 / 125

  7.2.1 我國企業年金治理及其風險控制的外部環境 / 125

  7.2.2 我國企業年金治理及其風險控制的配套制度 / 127

參考文獻 / 130

后記 / 137

0 導論

0.1 選題背景、意義和目的

　　隨著全球老齡化程度的不斷加深，企業年金作為多層次養老保險體系中第二層次補充養老保險的重要組成部分，在加強養老保障、提高老年人生活水平方面發揮著巨大的作用。正因如此，企業年金制度在建立之初就受到了各國的普遍重視，理論界與實務界也積極關注和研究有關企業年金制度發展與改革的相關議題。從 20 世紀末開始，企業年金治理與風險控制的相關研究正逐漸成為國際養老保障的前沿與熱點領域。特別是在 2008 年金融危機發生之後，企業年金乃至整個養老保險基金的風險控制問題已成為各國政府亟待解決的難題。金融危機的蔓延由金融領域傳導至資本市場，進而影響實體經濟。那麼對於企業年金這種與宏觀經濟和資本市場密切相關的養老制度來說，合理的治理結構、安全的投資營運、有效的風險控制不僅成為企業年金制度自身可持續發展的必要條件，而且也成為關乎經濟發展和社會穩定的重要因素。2008 年金融危機的爆發使得全球經濟受到嚴重衝擊，實體經濟也隨之面臨衰退的威脅，企業年金的風險控制以及基金的保值增值已成為制度運行所面臨的首要問題。在金融危機蔓延的過程中，企業年金投資營運與實體經濟以及資本市場之間的密切關係造成了企業年金基金資產總額都遭受了不同程度的損失。同時從各大金融機構破產倒閉的路徑中不難看出，現行的金融運行體系和監管體系還存在著很大的缺陷，而這些缺陷都是在經濟繁榮期沒有暴露或者被掩蓋的問題。從本次金融危機中，我們可以對整個金融體系，尤其是包括企業年金在內的養老保險基金營運體系進行深入的思考，不斷地發現問題和解決問題。這也是本研究在后金融危機時代的現實意義。

　　就全球企業年金治理和風險控制的演進過程來說，由於發達國家和發展中

國家在企業年金制度建立及發展中處於不同的階段和水平，其運用的治理結構和風險控制手段存在明顯的差異性。企業年金治理及風險控制內嵌於特定的制度環境，具有超越於一般技術和機制層面的制度性約束，不同文化背景下企業年金治理結構及安全營運，有其明顯的制度差異性特徵。因而，在紛繁複雜的企業年金治理結構的外觀下，我們必須揭示其文化、習俗、傳統等因素對企業年金治理機制形成及運行的影響，揭示企業年金治理各方博弈的制度文化條件，揭示非正規制度內在制約正規制度演進的路徑依賴特徵。這是非西方國家企業年金制度發展和管理營運的關鍵性約束條件，值得進行深入系統的研究。我國經濟社會發展的一般性特徵告訴我們，企業年金在進行治理結構選擇和風險控制機制建設方面必然具有我國自身的特色，其治理機制和風險控制模式可以借鑑國外在該領域的治理原則，但是也應當避免對國外模式的生搬硬套以及由此造成的「水土不服」。我國企業年金經歷了20多年的發展，由最初的企業補充養老保險發展而來。隨著2004年《企業年金試行辦法》和《企業年金基金管理試行辦法》的頒布，我國以信託模式為特點的企業年金制度正式建立起來。相對於國外成熟的第二支柱補充養老保險制度來說，我國企業年金制度還處在不斷建設和完善的進程當中，當前應充分抓住當前我國社會保障制度改革和頂層設計的契機，學習和借鑑其他國家在企業年金治理與風險控制方面的有益經驗，立足於我國養老保險制度改革的具體實踐，提煉出能夠反應我國國情的企業年金治理結構的基本理論內核和發展脈絡，分析我國企業年金治理結構及其風險控制的制度化約束條件，探討我國企業年金有效監管的制度框架和政策思路。這對於企業年金制度的完善具有重要的理論和決策價值及重大的現實意義。企業年金治理模式選擇和治理機制的構建能夠為后續企業年金風險管理體系提供制度支撐。因而本研究也會首先從企業年金治理破題，探討治理與風險控制之間的互動關係，從而在新的社會經濟發展形勢下，進一步完善企業年金的治理結構和風險管理體系，並提出相關的政策建議。

　　第一，企業年金最初是由雇主基於員工福利的考慮而自願建立起來的企業福利制度，經過發展變遷，逐步演化為政府、企業和個人在養老保障方面的準公共產品。在企業年金的建立、治理和監管過程中，需要發揮上述三者的共同作用，同時也必須處理好三者之間在利益分配關係。在我國經濟轉型過程當中，三者之間在利益分配上的矛盾將長期存在，如何處理好三者之間的關係關乎企業年金的治理模式選擇和風險控制體系的建設，關乎能否促進三者間矛盾的緩和與社會的穩定。因此，研究企業年金治理機制及其風險控制方面的問題可以首先從政府、企業和個人分配關係的角度出發進行探討。

第二，在企業年金治理方面，是否信託型企業年金模式就是適合現階段我國企業年金發展的唯一可行模式？我國多層次養老保險制度的發展完善迫切需要從分層的角度研究養老保險基金和企業年金治理的制度構架問題。國外成熟的信託型企業年金治理框架有其內在的約束條件及對應的機制設計，制度的有效移植和嵌入，必須依賴於對上述問題的深入研究。信託型企業年金模式的基礎是以益格魯—撒克遜模式為代表的信託制度，屬於英美法系中的典型法律制度。我國從幾千年的「人治大於法治」到法律制度的不斷構建和完善，整個法律制度體系的發展演進都呈現出大陸法系的相關特徵。那麼，如何使信託制度在缺乏英美法系文化土壤的環境中平穩有效運行，是信託型企業年金治理模式面臨的首要挑戰。基於此，現行企業年金制度設計還未充分認識治理模式所蘊含的制度內核、文化因素、行為特徵及若干非正規約束條件。這也就造成了制度框架本身潛在的風險點和風險鏈的存在。我們必須對上述問題進行系統研究。這是在長期學習借鑑西方養老保險基金運行機制基礎上，立足於我國養老保險基金管理微觀和宏觀層面必須關注的頗具挑戰意義的新課題，能夠從中發現極富有啓發意義的理論和制度創新點。

在我國信託型企業年金制度演化變遷過程中，企業年金制度的有效營運需要充分結合政治、經濟、文化等相關因素，對企業年金制度本身所具有的內在治理結構問題進行分析。在法人受託機構中，各主體之間的責任、利益關係能否得到有效確認是風險存在和大小的關鍵。由於在實務中各機構間從自身利益出發，彼此間的信任存在不確定性。如何協調各機構之間的權責關係，增強彼此信任，使得各機構都能從委託人的利益出發，處理好企業年金信託關係，這是一個具有現實意義的論題。在受託人與其他機構的委託代理關係中，存在信息不對稱、契約不完全性、投資管理人擁有的剩餘控制權與剩餘索取權不匹配等問題，這些也是信託模式當中的潛在風險源，容易出現受託人「空殼化」的問題。

第三，要明確我國企業年金治理結構與風險控制之間的內在聯繫。在企業年金治理機制構建過程中，必然會伴隨著企業年金風險的產生。在此基礎上應當區分哪些風險是企業年金制度本身所具有的，哪些風險是在選擇了特有的治理結構的基礎上產生的。對於不同的風險源，需要採取不同的風險防範和控制措施。同時，合理恰當的風險控制模式和方法也能促進企業年金治理機制的不斷完善發展，兩者呈現出一種辯證統一的互動關係。基於全球金融危機的大背景，將企業年金與宏觀實體經濟環境、資本市場、金融市場發展相結合，探索企業年金風險的評估方法和途徑，深化對企業年金風險管理研究，剖析制約企

業年金治理及其風險控制的若干深層次因素，最終提出我國企業年金風險控制的系列政策建議。

第四，企業年金計劃的發起者和管理者如何看待企業年金及其治理是風險控制過程中的首要環節。只有對企業年金制度有了深入的瞭解和認識，才能對企業年金發展過程中可能涉及的各種風險有一個清醒的認識。企業年金制度在多層次社會保障體系中，尤其在第二層次中具有戰略性的地位。作為重要的員工福利計劃和人力資本投資計劃，企業年金能夠充分發揮潛在社會資本的功能，完善企業內部治理，實現企業長期利潤創造，兼具經濟保障與精神慰藉的雙重作用。因此，必須從多角度加深對企業年金制度的認識，構建完整的企業年金教育體系，充分理解企業年金治理與風險控制的制度性約束。目前，國內學術界較多關注國外企業年金風險控制機制的借鑑和改造，忽略了對我國企業年金風險源、企業年金營運機構及管理者自身行為約束力的相關性研究。本研究嘗試運用行為金融學和制度分析方法，揭示企業年金風險控制進程中的若干行為特點和制度化特徵，超越於一般工具和技術層面，強調治理結構中各方利益主體的多重視角研究，使之具有更好的解釋能力、更強的風險預測能力和風險管理能力。

第五，企業年金制度面臨的風險問題必須尋找深層次的約束條件。從經濟學、社會學、管理學、歷史文化等跨學科領域著手，從機制、模型、環境等多維方式進行分析，尋求最佳的風險管理模式和方法。對不同的風險應當進行具體分析，厘清風險發生的源頭，區分哪些可以通過內部治理結構進行管理，哪些需要通過外部監管方式進行規避。同時，由於我國的市場經濟帶有政府的色彩，在企業年金的風險控制中要明確企業年金治理結構的制度安排是多方利益博弈和制度化選擇的結果，政府在其中扮演著非常關鍵的角色。因此，在實施風險控制的過程中，要特別注意政府在其中所發揮的作用，要防止政府的缺位、越位和錯位，增強政府在風險管理和監管中的責任意識。強化對企業年金治理過程中政府與市場機制關聯的制度分析，能夠科學地評判養老保險基金治理結構是否合理，風險控制思路、方法和政策是否有效，進而為提升企業年金管理的安全係數、實施有效的風險控制，提供理論和決策依據。此外，風險控制過程中如何厘清各主體間的利益關係，減少非理性行為的發生；如何運用社會心理分析，規避集體無意識行為也是值得探討的問題。

第六，如何處理和協調政府監管和市場專業組織監管的關係？在我國的企業年金治理過程當中，政府監管發揮著重要作用，而專業性服務機構的參與和監督則相對比較薄弱。2008年金融危機爆發的一個重要原因就是在巨額利益

的驅使下，金融行業缺乏對風險的控制和行業自律的重視，加上過於寬鬆的金融監管模式，這才使得潛在危險不斷累積以致爆發。在企業年金的風險控制中，與政府的審慎監管一道，專業性服務機構參與下的行業自律能夠有效規避政府監管中的信息不對稱問題，形成良好的行業發展氛圍和隱性制度約束，成為抵禦風險的第一道屏障。在內部治理與外部治理相結合的治理模式當中，需要研究政府在東西方文化當中的不同地位，政府與監管機構的監督約束，注重信息的獲取和信息披露的真實性。在治理過程中還需要考慮倫理本位與法治本位以誰為主的問題。在企業年金治理過程中，法制建設是制度能夠平穩運行的基石，但是也應當明確倫理道德、傳統文化在保證制度順利實施中的巨大作用，這也透視出正式制度與非正式制度之間的關係問題。在某種意義上可以說非正式制度是正式制度的基礎，為此要注重文化重建和道德重建，以道德促進相關法律建設的進程。

0.2　國內外研究現狀及其文獻綜述

0.2.1　國外研究現狀及其文獻綜述

OECD 私人養老金小組作為國際養老金發展的權威指導機構，在各國企業年金治理與風險控制的發展中扮演了重要的角色。其在 2005 年頒布的《OECD 養老金基金治理準則》《OECD 關於養老基金監管核心準則的建議》和《OECD 保障養老基金成員和受益人權益的指引》為各國完善企業年金治理結構提供了一個規範的參考體系。在這三大指引和準則中，突出了企業年金治理中的共同因素，提出了彈性的治理和監管原則，強調了由獨立的治理主體承擔最終責任，注重建立內外部治理相互制約和制衡的模式，重申了信息獲取和披露的有效性。與此同時，國際養老金監督官協會（IOPS）也通過準則以及年度報告的形式，提出了企業年金治理過程中的行業准入標準和基金投資準則。2005 年，IOPS 出抬了《IOPS 私人養老金監管十項原則》，這是第一份有關養老基金基於風險監管理念所提出的國際性指導文件。該準則旨在通過提升養老基金監管水平，保護養老基金成員和受益人的利益。《IOPS 私人養老金監管十項原則》提出養老基金的監管應以風險為導向，以前瞻性的態度，及時發現和解決養老基金中可能出現的問題，盡量把風險控制在最低的水平，並且隨後制定了基於風險的企業年金監督管理框架，為各國企業年金監管提供了可以借鑑的發展方向。自此之後，美國、澳大利亞、英國、德國等國家開始引入基於

風險監管的理念來建立養老基金的監管框架。

除了OECD與IOSP等養老基金專業組織對企業年金治理與風險控制的相關研究之外，從21世紀初開始，養老基金領域內對企業年金治理與風險控制就掀起了一股研究浪潮。Thompson（2001）對經合組織國家養老基金治理及投資進行了系統比較，從內部結構、法律環境、規則等多方面進行了梳理。Bosworth（2002）探討了養老保險改革背景下的金融市場風險，從宏觀層面研究了養老保險基金的結構與金融市場風險的關聯，提出養老保險基金風險控制的政策思路。Sharp探索了養老保險基金風險的評估方法與途徑、深化了對養老保險基金風險評估的研究。英國政府精算師Daykin（2002）分析了日益引起關注的DC養老金計劃的風險管理問題，分析養老保險基金的風險、影響及控制途徑。Yermo（2001）① 系統研究了養老基金治理的基本框架，概括出趨於多樣化的養老基金治理結構，並對OECD成員國養老基金治理結構、法律環境及監管問題與框架進行橫向比較，突出企業年金治理中的共同因素，提出彈性的治理和監管原則，制定了養老基金治理主體和模式的劃分標準，強調治理結構中的責任識別及對養老基金治理主體的責任要求，注重建立內外部治理相互制約和制衡的監管模式，強調信息獲取和披露的有效性等，這是目前對養老基金治理最全面的研究文獻，為OECD養老基金治理準則提供了理論指引和主體框架。國際貨幣基金組織（IMF）在「2004 Global Financial Stability Report」中對養老保險基金的風險管理問題進行了系統深入研究，提出了養老保險基金風險控制的系列政策思路，為研究機構和學者提供了一份很好的研究指南，但缺陷在於對制約養老保險基金治理及風險控制的若干深層次制度因素的分析仍未給予充分關注。Clark（2004）② 認為養老基金治理的責任是要充分保護受益人的利益。在益格魯—撒克遜國家，普通法要求受託人行為必須符合相關的法律要求，公正地處理養老基金的資產和負債。審慎性是受託人的重要特徵並且需要基於受益人的利益行事。在養老基金治理過程中，決策的規則和過程，受託人的資格和能力這兩者可以看成是重要的實踐準則。Clark（2004）還探討了養老基金治理規則演化發展及專業化組織的問題，強調內部治理進程中的創新問題，值得關注。Clark還考察了DB與DC不同運行機制下的養老基金治理問題。在對現有養老保險基金治理文獻梳理的基礎上，他指出，在新經濟金融

---

① Yermo. Pension fund governance [R]. OECD Working Paper, 2001.

② Gordon L Clark. Pension fund governance: expertise and organizational form [J]. PFGovernance, February 16th, 2004.

環境下的制度創新尤為重要。Clark 和 Urwin（2008）[①] 認為對於養老基金以及其他機構投資者來說，治理涉及決策制定中的資源運用和決策的過程。這些機構投資者在決策制定中有三種不同的稀缺資源：時間、專業技能以及集體協作。決策過程中的領導階層是養老基金治理良好表現的重要因素，集體協商的過程和董事會出色的領導能力是保證整個機構取得良好業績的關鍵。香港強積金計劃管理局（2008）[②] 對各國養老基金的類型作了分類，並介紹養老基金的治理結構。在養老基金治理中，各國監管機構發揮了重要的作用，其中養老基金治理主體的能力和專業性，監管責任以及內部控制是監管機構在實施有效監管中所必須關注的重點內容。Fiona Stewart 和 Juan Yermo（2008）在對企業年金治理過程中所遇到的挑戰進行了分析並提出了相應的解決方案。一些嚴重的治理失誤問題可以通過由更加均衡利益相關者組成的治理主體，更高的專業技術水平以及實施利益衝突處理機制的方式加以解決。

相對於浩如菸海的公司治理文獻來說，有關養老基金治理的學術專著還顯得十分有限。2008 年《養老基金治理：金融監管的全球視角》一書的問世，對近年來有關養老基金治理的相關重要文獻進行了收集歸納，已成為當前最重要的養老基金治理領域的學術專著之一。書中通過理論和實證研究兩個方面，對公共和私人養老基金的治理問題進行了研究，將養老基金的治理分為了內部治理與外部治理兩個部分，而內部治理注重作為受託人機構的組織構架和治理績效。在著作中，Clark 認為受託人在養老基金管理、待遇分配以及資產管理方面不一定是專家，但是卻必須符合合規性的要求。受託人可以在制度允許的條件下選擇並且評估外部基金管理服務機構，其過程的複雜性超出了傳統經濟理論所涉及的內容。Anthony Asher 認為養老基金中各個主體間潛在的利益衝突會影響到外部基金管理機構的選擇，並且會對養老基金資產帶來負面的影響。Mitchell 指出養老基金的投資績效直接關係到養老基金的資產累積，而養老基金的治理結構和治理機制對投資績效會產生直接的影響。受託人委員會中計劃成員的數量過多會影響投資的績效，而有效的年度信息披露制度則會對投資產生正面的積極影響。Hazel Bateman 和 Robert Hill 認為養老基金本身所制定的投資評估標準可能與養老基金投資風格不相匹配，會對投資造成錯誤的引導。Richard P. Hinz 和 Anca Mataoanu 通過比較分析的方法對私人養老基金的監管

[①] Gordon L Clark, Roger Urwin, Leadership, collective decision-making, and pension fund governance [J]. Leadership and Collective Decision-making, Rotman Version 10.

[②] Mandatory Provident Fund Schemes Authority, Hong Kong, China. Supervisory oversight of pension fund governance [R]. Working Paper, 2008.

進行了國際比較，認為目前各國根據自身環境因素所制定的監管方式各具特色，不存在一種最優的監管方式。一個國家的經濟發展水平、資本市場發展以及法律制度決定了一個國家的監管路徑。在全球養老基金規模不斷壯大以及后金融危機時代背景下，《養老基金治理：金融監管的全球視角》無疑將為養老基金治理及其相關的養老基金監管提供重要的文獻參考。Richard P. Hinz 和 Anca Mataoanu（2005）認為企業年金的監管過程中主動性和高強度的監管能夠提前發現基金偏離計劃目標和從事違規行為。基於風險的監管模式通過負責的數據分析和評估體系找出監管機構關注的重點，降低了監管成本，提高了監管效率。Richard P. Hinz 和 Robert Rocha（2006）對荷蘭、澳大利亞、德國和墨西哥四國實施基於風險的監管模式的經驗進行了分析，他們認為統一監管機構的出現，監管資源的優化配置，節約了監管成本。銀行保險監管的示範作用、「審慎人」投資體制改革的需要等都是企業年金引入基於風險的監管模式的依據。Fiona Stewart（2009）在著作中著重論述了養老基金風險管理的框架，該框架包括了內部審計、自我評估、現場檢查、情景模擬等多個組成部分。同時，Fiona Stewart 還把風險評估策略、內控系統以及信息披露和報告制度作為詳細的風險指導準則。

0.2.2 國內研究現狀及其文獻綜述

國內學者鄭秉文、林義、鄧大松等較早對養老基金治理問題進行了較深入的研究，其關注的焦點在於企業年金基金的治理框架和治理結構。

鄭秉文（2004）[1] 比較了歐美企業年金制度的發展過程，認為信託型企業年金治理結構能夠有效地解決三大制度壓力問題：①發起人雇主的利益與受益人雇員的利益相分離；②以法律保護受益人的利益；③養老基金的投資過程優化了金融機構的內控機制與治理結構。同時，信託型企業年金還有助於實現與資本市場的良性互動。

鄭秉文（2006）[2] 闡述了 DC 和 DB 兩種養老基金發展模式的優缺點，並進行了深入分析，通過對英美國家 DB 模式經驗的總結以及當前養老基金模式選擇的大趨勢，論述了 DC 模式對經濟結果和社會發展的不同影響。不同國家由於不同法系所導致的企業年金發展的不同道路。這表明不同的法律制度對企

---

[1] 鄭秉文. 信託型年金制度為首選——歐美企業年金制度比較及其對我國的啟示[J]. 數字財富, 2004（5）.

[2] 鄭秉文. 中國企業年金何去何從——從《養老保險管理辦法（草案）》談起[J]. 中國人口科學, 2006（2）.

業年金的發展取向具有反作用。一個好的制度安排能夠對企業年金具有正面的促進和優化作用。文中的由不同法律體系出發進行模式分析的理論依據和方法，對企業年金治理結構的選擇也具有同樣的借鑑意義。

鄭秉文（2006）以上海社保案為例，指出了政府控制性企業年金計劃很難建立起一個良好的治理結構，其計劃容易受到政府影響而偏離計劃的初衷，在基金投資環節中容易產生社會利益衝突，造成投資收益不理想。因此，政府控制性企業模式應該盡快讓位於信託型企業年金模式。

鄭秉文（2007）[①] 回顧了三年以來我國企業年金制度發展的情況，對「企業自辦模式」和「地方經辦模式」在改革思路中存在的兩個誤區進行了闡述，並分析了當前理事會受託模式和外部受託模式當中存在的問題，認為我國在完善企業年金治理的過程中，除了合理有效完成新老制度在治理結構中的過渡之外，現階段主要是要解決外部受託人「空殼化」和市場角色「分散化」的問題。解決的途徑可以建立專業性捆綁式一站服務的受託人機構——養老基金管理公司，以此形成一個「三層次」的年金供給市場，優化市場資源。在完善監管方面，提出了充實監管機構，擴大監管隊伍；借鑑拉美國家養老金管理公司監管體制，設立檢查員制度，以及實行監管預算制度化的政策主張。

鄭秉文（2009）分析了當前我國信託模式最主要的矛盾是集中在外部受託模式上，並對受託人「空殼化」和角色「分散化」的原因進行了分析。認為這種「空殼化」和「分散化」導致了企業年金的無序競爭，不利於我國企業年金制度發展，特別是難以調動中小企業加入年金計劃的積極性。解決的辦法可以通過建立專業養老金公司為中小企業提供集合年金產品，降低其建立企業年金的成本。

林義（2007）[②] 認為在企業年金治理與風險過程中要高度關注文化因素以及若干潛在制度因素的制約和影響作用，充分認識到我國長期以來重縱輕橫的行為習慣及心理定式給企業年金投資管理與協調監管所帶來的阻礙。可以通過因勢利導、發揮優勢的制度設計，在企業年金治理與風險控制過程中培育嚴格的規範意識和行為模式，以此促進企業年金治理與風險控制的發展。

鄧大松、劉昌平（2004）[③] 對企業年金計劃按照不同的分類方法進行劃分，認為不同類型的企業年金計劃需要不同的治理結構和治理機制。在此基礎上，對我國企業年金的治理結構和治理機制進行了分析，論述了我國信託型企

[①] 鄭秉文.論我國企業年金的改革［J］.開放導報，2007（4）.
[②] 林義.重視培植企業年金有效營運的制度環境［J］.學習與探索，2007（3）.
[③] 鄧大松，劉昌平.中國企業年金基金治理研究［J］.公共管理學報，2004（8）.

業年金治理結構下企業年金的營運模式，並認為合適的治理機制應當包含內控機制、激勵機制和信息披露三大機制。

歐明剛、孫慶端（2001）① 認為治理結構是保證公司股東利益最大化的內部組織制度、報酬制度等其他合約的安排，有效的基金治理結構能在最低的成本下實現投資者利益。基金治理結構大致可以分為契約型和公司型兩種，並對各種模式的典型國家在治理結構方面的特點進行了分析，認為無論是契約型還是公司型基金治理結構都具有各自的優勢。

胡雲超（2005）② 結合《OECD企業年金治理準則》中以保護計劃受益人利益，保證企業年金基金財務安全的原則，對我國企業年金治理過程中出現的問題進行了分析。

趙曼（2004）③ 認為企業年金在舉辦主體和舉辦方式上與基本養老保險不同，因而其治理結構也具有顯著的特點，對信託型企業年金的治理結構和運行框架進行了簡單的介紹。

謝瓊（2005）④ 從工會參與角度對完善我國企業年金治理結構進行了探討，充分認識到了工會在年金受託人選擇以及基金營運監管方面的重要作用。鑒於目前我國工會在參與企業年金治理過程中存在的障礙，提出了變革工會組織制度，推進工會的群眾化、民主化進程，使其真正成為職工維護自身利益的組織。同時改革經費撥繳制度，加大宣傳和培訓力度，提高各方的維權意識，才能充分調動工會對企業年金計劃監督和管理的積極性，最終促進企業年金治理結構的完善。

李連仁、周伯岩（2008）⑤ 從「權」「錢」分離、集中捆綁模式、受託人兼任投資管理人、企業年金投資管理戰略、央企年金的移交模式五個角度對信託型企業年金治理結構進行了研究，論述了信託型企業年金營運中應當著重關注的治理環節。

巴曙松（2005）介紹了OECD國家企業年金的治理結構，並分析了在我國現行制度框架下，企業年金治理結構的現實選擇及政策思路。巴曙松、陳華

---

① 歐明剛，孫慶端. 基金治理結構的比較研究 [J]. 證券市場導報，2001（5）.
② 胡雲超. 我國企業年金治理 [J]. 經濟管理，2005（23）.
③ 趙曼. 企業年金制度構建及其治理結構 [J]. 理論月刊，2004（8）.
④ 謝瓊. 從工會角度論我國企業年金治理結構的完善 [J]. 河南師範大學學報：哲學社會科學版，2007（1）.
⑤ 李連仁，周伯岩. 企業年金信託管理的治理結構研究 [J]. 國有資產管理，2008（2）~（6）.

良、賈蓓（2005）[①]認為企業年金理事會受託模式存在信託管理和義務的衝突、市場失靈的可能以及對於監管效力的稀釋的問題。這些問題可以從四個角度加以解決：從員工角度看，進一步完善企業理事會的構成，發揮員工在企業年金理事會中的作用；從企業角度看，將企業年金理事會治理與公司自身結構治理相結合；從市場角度看，理事會模式對市場各方監督提出了更高的要求；從監管角度看，政府部門從企業年金發展初期就要加強對企業年金理事會建立的規範引導和嚴格監督。

蔡崎峰（2010）[②]認為企業年金基金具有信託屬性與法律主體屬性。理事會受託模式應定性為企業年金基金的內部管理機構，需要合理分配企業年金理事會理事之間的責任，強化作為委託人的職工的地位以及作為受益人的職工的權利。

在企業年金風險控制方面，國內的專家學者主要從企業年金監管角度出發進行分析論述。

鄧大松（2005）[③]從企業年金風險分析入手，將協同論的概念引入企業年金監管，提出了建立企業年金基金監管委員會的設想，並進一步強調了仲介服務機構在協同監管中的作用。

巴曙松（2005）對我國企業年金市場特徵和具體的風險進行了分析，針對信用風險、投資風險、獨立性風險和公平性風險提出了風險防範的措施，倡導採取主動監管和協調監管的模式，保證監管機構之間以及內部部門之間的信息交流，完善企業年金受益人的利益保護框架。

巴曙松（2006）認為基於風險的監管方式是對嚴格數量監管模式和審慎監管模式的有效補充，已成了養老基金監管發展的大趨勢。我國可以基於對企業年金計劃中風險點的判斷，通過風險矩陣和相關監管實施工具，不斷融入最新的監管理念，構建基於風險的監管框架體系。

中國工商銀行企業年金中心課題組（2006）[④]認為企業年金基金營運環節和管理模式複雜，基金管理風險敞口分佈範圍較廣，因此基金財產存在著潛在的風險，主要包括了管理機構的經營風險、社會公眾的導向風險和監管部門的

[①] 巴曙松，陳華良，賈蓓．企業年金理事會受託模式下的結構治理［J］．福建金融，2005（1）．

[②] 蔡崎峰．企業年金基金治理結構研究［J］．上海金融，2010（5）．

[③] 鄧大松，吳小武．協同論在企業年金基金風險監管中的應用研究［J］．武漢金融，2005（5）．

[④] 中國工商銀行企業年金中心課題組．建立我國基於風險控制的企業年金監管體系［J］．金融論壇，2006（11）．

監管風險。對於這些風險的管理，可以通過建立基於風險控制的企業年金監管體系進行監督和管理。

章偉、何勇（2006）[①]對企業年金投資運作中可能出現的風險進行了全面的風險識別和管理，並且初步構建了企業年金投資績效和績效評估的相關指標。

鄭秉文、齊傳君（2008）[②]通過對美國企業年金監管體制協調運行的分析指出，美國企業年金監管機構行使責任的出發點都是增強對計劃參與者和受益人的保護程度，各個監管機構之間責任清晰，部門之間的合作聯繫避免了監管責任的重疊。此外，勞工部還可以針對有關年金計劃參與人與受益人權益方面的重大問題，隨時採取干預措施，保證監管體制平穩運行。

0.3 論著的基本思路和邏輯結構

本書的基本思路是首先對企業年金治理和風險控制的相關理論進行梳理，明確企業年金治理和風險控制的發展方向和趨勢。緊接著探討了企業年金治理結構和框架，並對企業年金營運過程中的風險控制進行了分析。在此基礎上研究了兩者之間的互動關係，並結合我國企業年金發展的現狀，對我國企業年金治理及其風險控制進行了深入研究，並提出相應的政策建議。

本書分為七章，從整體結構上可以分為三個部分。第一部分主要闡述了企業年金治理與風險控制的相關理論，進而分別對治理結構和風險控制進行分析，主要包括第一章至第三章。第二部分主要探討了企業年金治理與風險控制之間的互動關係，提出了兩者之間的約束條件和傳導機制，主要集中在第四章。第三部分針對我國企業年金治理與風險控制發展的現狀，分析了我國企業年金治理與風險控制的核心要素，以及與之相關的環境因素和配套機制，最後提出相應的政策建議，包括第五章至第七章。

論著的邏輯結構如圖0-1所示：

[①] 章偉，何勇. 企業年金投資風險的識別與管理［J］. 統計與決策，2006（4）.

[②] 鄭秉文，齊傳君. 美國企業年金「三駕馬車」監管體制的運行與協調［J］. 遼寧大學學報，2008（2）.

```
┌─────────────────────────────────────┐
│  企業年金治理及其風險控制的理論基礎  │
└─────────────────────────────────────┘
         ↓                    ↓
┌──────────────────┐  ┌──────────────────────┐
│ 企業年金治理結構 │  │ 企業年金的風險識別、 │
│   和框架分析     │  │   評估和控制         │
└──────────────────┘  └──────────────────────┘
                ↓
┌─────────────────────────────────────┐
│   企業年金治理與風險控制互動分析    │
└─────────────────────────────────────┘
                ↓
┌─────────────────────────────────────┐
│ 我國企業年金治理與風險控制的現狀及評價 │
└─────────────────────────────────────┘
                ↓
┌─────────────────────────────────────┐
│ 我國企業年金治理及其風險控制的影響因素分析 │
└─────────────────────────────────────┘
                ↓
┌─────────────────────────────────────┐
│ 我國企業年金治理及其風險控制的政策研究 │
└─────────────────────────────────────┘
```

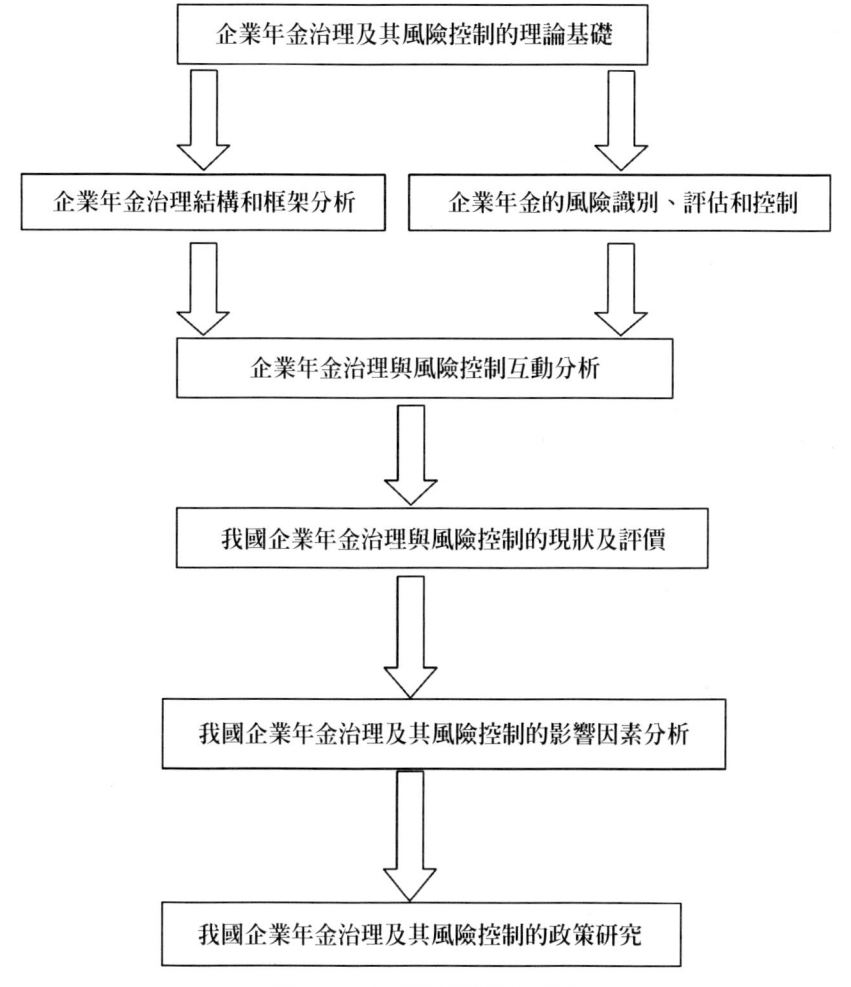

圖 0-1　本研究的邏輯結構圖

本書具體的內容與觀點如下：

第一章　企業年金治理與風險控制的理論基礎　本章是理論研究的出發點，首先梳理了企業年金治理與風險控制的理論基礎以及最新的發展。企業年金治理的相關理論經歷了從傳統的治理理論到公司治理理論再到養老金治理理論的發展過程。作為企業年金治理理論的基石，養老金理論近年來獲得了長足的發展。《OECD 企業年金治理準則》及其修訂版的問世，為企業年金治理帶來了框架性的指導建議。對於風險控制理論，本書主要探討了風險管理理論和風險監管理論。從中可以看出金融風險管理和監管也不再基於傳統的風險管理模式，而是向全面性的基於風險的管理方向邁進。企業年金治理和風險控制發展

的理論與最新發展將為我國構建完善的企業年金治理與風險控制框架提供參考依據。

第二章 企業年金治理結構分析 本章首先基於《OECD企業年金治理準則》的要求闡述了企業年金治理結構的一般結構框架。企業年金的治理主要分為內部治理與外部治理兩個方面。內部治理主要表現為基於風險的內控機制，而外部治理則主要體現在政府監管部門的監管以及仲介機構和行業自律組織的協調補充。本章第二部分從國際比較的視角，分析具有典型意義的發達國家企業年金的治理結構，為后續企業年金治理結構趨同性和差異性分析奠定了基礎。本書從制度分析入手，從經濟達爾文主義對治理結構趨同性和差異性的解釋、制度變遷角度對治理結構趨同性和差異性的解釋、路徑依賴與制度互補性的角度對治理結構趨同性和差異性的解釋三個角度分析了影響企業年金治理結構趨同性和差異性的正式制度因素與非正式制度因素。

第三章 企業年金治理的風險控制分析 本章首先按照與治理是否相關的原則，在企業年金營運的眾多風險中選取了與治理直接相關的風險和與治理間接相關的風險兩類。與治理直接相關的風險主要是委託代理風險，而與治理間接相關的風險包括投資風險和操作風險。其次，本章對上述風險產生的成因進行了分析。企業年金委託代理風險主要是由於信息不對稱、契約不完全、剩餘索取權與剩餘控制權不匹配以及風險鏈條過長造成的。投資風險受到一國經濟發展、資本市場環境、監管環境等多方面的影響。操作風險則與人的因素有關，這直接與企業年金計劃的內控機制相聯繫。在對風險因素和其成因進行了分析之後，對相應風險的評估方法進行了簡要介紹。本章最后探討了風險控制的主要方法。

第四章 企業年金治理與風險控制互動分析 本章首先對企業年金治理與風險控制互動的意義進行了探討。治理與風險控制的互動將對經濟發展、社會穩定、社會保障制度和資本市場的發展產生深遠的影響。本章總結了企業年金治理與風險控制互動的傳導機制，包括以風險為基礎的企業年金內控機制；企業年金的信息披露和報告制度；企業年金各治理主體選擇機制和培育體系，總結出企業年金治理與風險控制中由企業年金治理到企業年金風險控制再到企業年金治理雙向循環過程，整個過程伴隨從繳費到給付的企業年金運作始終。本章最后對企業年金治理與風險控制的約束機制進行了分析，並初步探討了兩者之間互動的績效關係。

第五章 我國企業年金治理及其風險控制的現狀分析和評價 本章梳理了我國企業年金發展歷史，並就當前企業年金治理與風險控制中的現狀進行了分

析和評價。

第六章 我國企業年金治理及其風險控制的影響因素分析 本章第一部分對我國企業年金治理及其風險控制的外部環境進行了分析,明確了治理與風險控制中政府與市場之間的關係和邊界以及由此所引申出的責任分攤,有利於發揮兩者對企業年金治理與風險控制發展的協同效應。本章第二部分從企業年金治理中各個當事人的角度對影響企業年金治理的核心要素進行研究。第三部分分析了我國治理結構的風險源頭和風險鏈條,這些都是我國信託型企業年金治理中信託關係和委託關係所產生的。本章最後一部分是對基於行為金融學的理論探討,對我國企業年金治理及其風險控制中利益相關者的行為進行了研究。

第七章 我國企業年金治理及其風險控制的政策研究 首先主張構建我國企業年金治理與風險控制的長效機制。在企業年金治理方面主張完善我國企業年金治理結構和治理機制,與我國多層次社會保障體系改革相結合,探索適合我國企業年金的治理結構,在風險控制方面則主張著重建適合我國企業年金治理及其風險控制發展的監管體系,主要從風險約束機制、風險監督機制、風險分散機制和風險補償機制進行詳細闡述。其次強調完善企業年金治理及其風險控制發展的外部環境和配套機制。外部環境包括資本市場、代理人市場和仲介市場的建設,配套機制主要涉及激勵分配機制、法律制度、文化認同以及信任制度。

0.4 論著的研究方法

0.4.1 制度分析方法

本書所涉及的企業年金治理及風險控制內嵌於特定的制度環境,具有超越於一般技術和機制層面的制度性約束。不同文化背景下企業年金治理結構及安全營運,有其明顯的差異性的制度特徵,需要運用制度分析的方法探尋不同文化背景下,正式制度和非正式制度對企業年金治理與風險控制的影響,揭示企業年金治理與風險控制的制度基礎與路徑依賴。

0.4.2 比較分析方法

本書在構建企業年金治理結構的基礎上,充分借鑑了2009年《OECD企業年金治理準則》修訂版的內容,論述了一般的企業年金治理結構框架。在對企業年金治理趨同性與差異性進行分析之前,充分進行了企業年金治理的國

際比較，對各國企業年金治理結構特點進行了闡述，為后續我國企業年金治理的發展提供了參考和借鑑的方法。

0.4.3　行為金融學分析方法

本書在分析企業年金治理與風險控制利益相關者的行為分析過程中，以前景理論、后悔理論、過度反應理論與過度自信理論為基礎，以行為金融學的分析方法，闡釋了企業年金運行中委託人和代理人在計劃選擇、投資等方面的行為表現形式和原因。

0.4.4　跨學科分析方法

企業年金治理和風險控制涉及經濟學和管理學等多方面的理論。治理理論本身就經歷了從社會學到政治學，以及向經濟學和管理學方向不斷延伸的發展過程。企業年金治理作為治理理論延伸的路徑之一，則必然具有跨學科的特點。除此之外，本書將企業年金治理與風險控制納入一個整體框架進行分析，其中也涉及了委託代理理論、內部控制理論、風險管理理論、行為經濟學理論等。這些都需要以跨學科的分析方法作為支撐。

0.5　本研究主要的創新之處與不足

0.5.1　主要創新之處

（1）在對各國企業年金治理結構進行分析的基礎上，從制度分析角度研究了企業年金治理結構的趨同性和差異性，並對其影響因素進行了闡述。現階段絕大多數文獻對企業年金治理結構主要還是處於綜述階段，著重於介紹不同治理結構的異同，並從法律體系角度簡單地闡述了各國採用不同治理結構的原因，尚未從制度分析的角度對企業年金治理結構的趨同性和差異性進行研究。本書從制度分析的角度出發，依據經濟達爾文主義、制度變遷理論以及路徑依賴和制度互補性的分析思路，對企業年金治理過程中的治理結構趨同性和差異性進行了論述。這是本書的創新點之一。

（2）在企業年金治理與風險控制的文獻綜述中可以看出當前絕大多數文獻幾乎都只是單就企業年金治理與風險控制兩者之一進行分析論述，沒有從理論角度將兩者結合起來進行研究。本書將企業年金治理研究與風險控制分析納入一個整體的分析框架進行研究，嘗試探尋兩者之間互動的理論聯繫，探索性

地論述了企業年金治理與風險控制互動之間的傳導機制以及約束條件，並對兩者之間互動的績效評估做了初步研究，有助於進一步深化對這一問題的研究。

（3）本書結合我國企業年金發展的現狀和趨勢，依據企業年金治理與風險控制互動的分析思路，創新性地提出了反應我國制度環境特點的企業年金治理與風險控制的政策思路，強調了我國必須構建企業年金治理與風險控制的長效機制，並注重企業年金制度環境的培育，特別是需要加強文化認同以及信任制度的建設。

0.5.2 主要不足之處

（1）由於企業年金公開披露信息的樣本數量還比較少，同時也缺乏業界公認的權威的指標體系，在研究企業年金治理與風險控制互動問題過程中，沒有通過實證方式對兩者互動過程的有效性進行驗證。

（2）由於國內外對企業年金治理與風險控制的指標體系研究也處於探索階段，在指標的選取與權重安排上缺乏統一的標準，本書在對企業年金治理及其風險控制進行分析的過程中，還沒有構建出適合我國企業年金治理和風險控制的指標體系，這將是筆者后續研究的重點。

1 企業年金治理及其風險控制的理論基礎

1.1 企業年金治理理論

1.1.1 治理理論

治理（Governance）即掌舵、駕馭之意，其起源於希臘文字 $κυβερνάω$ [kubernáo]，主要用於與國家公共事務相關的憲法或法律的執行問題，或指管理利害關係不同的多種特定機構或行業。1989 年，世界銀行在報告中定義：「治理就是使用政治權力管理國家事務」(《撒哈拉以南非洲：從危機到可持續發展》)。在此之后，其他社會學科逐漸引入治理概念，提供了一種詮釋政治、行政、經濟、公共管理和社會管理的新視角，成為一個分析當代社會問題的有效分析框架。

治理理論的興起與 20 世紀 70、80 年代社會科學出現的某些範式危機有關，主要在於許多學科領域的原有範式越來越難以解釋和描述現實世界。對社會科學中流行的一些過分簡單化的、非此即彼的兩分法的否定使得「治理」成為了一個重要的研究課題。對於治理相關理論的理解與認識，更加強調的是組織內部與組織之間、部門內部與部門之間、國家內部與國與國之間實際存在的對相互保證安全的廣泛協議和預期。顯然，在純粹的市場、等級制的國家機構以及避免任何一方統治的理論能夠發揮作用的範圍以外，還有一些更為有效的協調機制，是以前的科學未能從經驗數據和理論思維兩個方面加以把

握的①。

　　由於治理概念在各個領域被越來越多地使用,因而治理的含義隨著學科語境的不同而有所差異,很難給其進行普遍性的、統一的確切定義。例如,經濟學、管理學談論公司治理,政治學談論政府治理,國際關係學談論國際治理、全球治理、社會學談論社會治理,等等。學科視角因學科領域而異。R. A. W. 羅茨給出了治理的至少六種不同的用法:①作為最小的國家;②作為公司治理;③作為新公共管理;④作為「善治」;⑤作為社會控制系統;⑥作為自組織網路。作為治理最早起源的政治學領域,其含義是指統治方式方法的變革和新發展。治理從本質上來說,更偏重不依靠政府權威或制裁的統治機制。詹姆斯·羅森瑙認為治理是一種比統治內涵更為豐富的現象。它既包括政府機制,同時也包括非正式、非政府的機制——它們在未被賦予正式權力的前提下,也能夠有效地發揮功能。範·弗利埃特和庫伊曼認為治理所追求創造的秩序或結構偏向於依靠多種進行統治的,以及互相發生影響的行為者的互動而不是由外部強加於它發揮作用。在經濟學領域,奧利弗·E. 威廉姆森認為風險鑑別、風險解釋和風險緩解是治理關注的重點。許多經濟組織的難題導致了對事後治理機制的闡釋和考察,通過治理機制實現良好秩序是治理的目標,治理是一項全面評估各種備擇組織模式,從而實現良好秩序的手段。因此,治理結構也可以被定義為制度框架,一次交易或一組相關交易的完整性就是在這個框架中被決定的②。治理還是一種工具,秩序就利用這一工具而在某種關係中得到實現,在這種關係中,潛在的衝突有著消解實現共同利益的機會或使其無效的威脅③。青木昌彥在詳盡分析交易治理機制的特徵等問題后,得出一個重要命題:「即便在發達的市場經濟中,私有產權和合同也不僅僅由正式的法律系統來執行。各種各樣的治理機制——無論是私人的還是公共的,正式的還是非正式的,它們作為制度安排的複合體都同時發揮作用。市場治理的整體性安排呈現多樣性的一個源泉是各機制元素之間存在的相互支持的互補性關係。互補性的存在意味著整體性制度安排的結構可以是內在一致和剛性的」④。

　　全球治理委員會對治理做出了如下的界定(《我們的全球夥伴關係》研究

---

① 鮑勃·杰索普. 治理的興起及其失敗:以經濟發展為例的論述 [J]. 漆燕,譯. 國際社會科學雜誌,1999 (1).
② 奧利弗·E. 威廉姆森. 治理機制 [M]. 王健,方世建,譯. 北京:中國社會科學出版社,2001.
③ 奧利弗·E. 威廉姆森. 治理機制 [M]. 王健,方世建,譯. 北京:中國社會科學出版社,2001.
④ 青木昌彥. 比較制度分析 [M]. 周黎安,譯. 上海:遠東出版社,2002.

報告）：治理是各種公共的或私人的個人和機構管理共同事務的諸多方式的總和，它是使相互衝突的或不同的利益得以調和並且採取聯合行動的持續的過程。它既包括有權迫使人們服從的正式制度和規則，也包括人民和機構同意的或以為符合其利益的各種非正式的制度安排。其包括四個特徵：治理是一個過程，不是一整套規則，也不是一種活動；治理過程的基礎是協調，而不是控制；治理同時涉及公共部門和私人部門；治理是持續的互動，而不是正式的制度。

和全球治理委員會一樣，R. A. W. 羅茨也認為治理是一種新的管理過程、一種新的管理社會的方式、一種改變了的有序統治狀態。他對治理的基本特徵進行了總結，得出了不同於全球治理委員會的結論：①組織相互依存性。治理包括了非國家的行為者，有比政府更廣的管理範圍。公共的、私人的以及自願部門之間的界限變得模糊和靈活。②網路成員之間的互動性。出於協商共同目的以及相互交換資源的需要，網路成員之持續互動。③自願和信任性。游戲式的互動以信任為基礎，通過參與者協商和同意的游戲規則來調節。④國家的自主性。在國家自主性方面保持相當大的空間。網路不對國家負責，它們是自組織的。儘管國家沒有專門的最高權力，但是它能夠間接地並且在一定程度上調控網路（羅茨，1995）。因為各種機構之間關係松懈或均擁有運作自主權，各機構同時彼此相互依賴而且關係複雜，有共同的利害關係，或共同參加某些項目，但存在著較大的空間和時間跨度，在此情況下，自組織是特別適宜的協調方式。

R. I. Tricker 在將治理引申到公司治理的過程中，總結出了適合公共部門和私人部門組織的根本原則，包括：開放或信息公開；坦率或者直接解決問題和全面解決問題；責任心或者通過清楚地劃分職權來使個人對自己的行為負責。在公司治理的用法上，治理的作用不是只關注經營公司的業務，而是給企業全面的指導，同時監督和控制管理層的業務活動，滿足公司外部利益團體對公司的責任心和管制的合理要求。任何公司都既需要治理也需要管理[①]。

1.1.2 公司治理

1.1.2.1 公司治理理論
（1）委託代理理論
所有者與經營者之間委託代理關係的出現產生於現代公司所有權和控制權

---

① R. I. Tricker. International corporate governance [M]. Englewood Cliffs NJ: Prentice Hall, 1984.

的分離。詹森和麥克拉認為，委託代理關係可以視為一種契約，委託代理就是委託人根據自身利益，委託其代理人從事某種活動，並相應授予代理人某些決策權力的契約關係。

委託人和代理人之間的信息不對稱性。委託代理理論基於信息經濟學中信息不對稱理論，其鼻祖阿羅認為「委託代理關係的共同要素是存在兩個人，代理人必須從眾多備擇方案中選擇一種行為，該行為將影響代理人和委託人兩者的利益」。在簡單情形下，委託人具有預先確定支付規則的附加功能。也就是說，在委託人做出行為選擇之前，委託人決定對代理人的報酬規則，該規則即是委託人所觀察到的代理人行為之結果的函數。

委託人和代理人之間的相互衝突。生產力發展使得社會分工進一步細化，權利的所有者由於知識、能力和精力的原因將不能行使所有的權利；另外，專業化分工產生了一大批具有專業知識的代理人，他們有精力、有能力代理行使好被委託的權利。隨著生產力發展和規模化大生產的出現，委託代理關係逐漸產生。然而，由於委託人與代理人在委託代理關係當中的效用函數不一樣，委託人追求自己的財富更大化，代理人追求自己的工資津貼收入、奢侈消費和閒暇時間最大化，兩者的差異導致兩者的利益衝突，代理人的行為在沒有有效的制度安排保障下很可能最終損害委託人的利益。

（2）管家理論

委託代理理論忽略了經理層的心理和社會需求，只考慮經理層的自利動機和對經理層的防弊制衡設計。實際上，經理層同時受到經濟動機、社會動機和成就動機的驅動。

戴維斯認為管家理論的人性假設模型相信人性善良，管家不可能犧牲組織利益來成就個人利益，其利益是整理組織利益的一部分。因此，相對於代理理論信仰制衡機制和個人主義追求自利，管家理論主張經理層是追求組織利益和集體主義。經理層同時基於個人利益和組織利益，故必將保護組織利益並使之最大化。出現利益不一致情況時，經理層在決策上會優先尋求合作，因此也就不會有重大的代理成本。

所有的組織都在追求成功，管家的行為在股東目標多元化競爭分歧下被視為追求團體最佳利益的組織取向。在各方利益競逐的情況下，只要能提升績效，就能滿足多數人的期待。因此，組織績效最大化，滿足各方利益，同時成就個人利益是經理層最大的工作動機。管家理論主張若上述動機符合「集體主義」和「個人利益是組織利益的一部分」的假設，則影響管家績效好壞的主要因素不是監督和控制措施是否周全，而是治理結構和機制是否能夠給予經

理層適當的權限。要讓管家有能力和意願使組織利益最大化，其必須在除去不當監督控制的前提下被授權和信任。

Davis、Schoorman 和 Donaldson 從經理人的心理因素和組織的情景特徵兩方面進行分析，試圖整合代理理論和管家理論的人性假設模型。經理人的心理因素包括身分認同感、激勵動機、組織價值承諾、權力使用等；組織的情境特徵包括文化背景、管理哲學、權力距離和長期價值取向等；不同心理因素的經理人在不同特徵的組織情景下會做出不同的選擇。由此管家理論的人性假設由「決定論」轉變為「選擇論」[1]。

現代管家理論認為如何控制經理人不是公司治理的關鍵，關鍵是如何確保經理人充分發揮才能、取得預期的公司業績的治理結構。因此，治理結構要明確經理人的角色定位並給予經理人充分的授權，使其能夠充分發揮積極性和作用，適應市場環境，提升公司的經營績效以實現股東利益最大化的目標。

管家理論認為雙方同時選擇合作的管家關係將使得組織取得最佳回報。根據委託人對環境和對經理人的認知，委託人可以選擇建立代理關係或管家關係，管理者也可以選擇成為管家或代理人。對經理人的物質激勵，如長期薪酬計劃和非物質激勵，非物質刺激更加奏效。Bouillon、Ferrier、Stuebs 和 West（2006）通過實證研究證明，當經理人接受組織的戰略與組織戰略保持一致時組織業績高，物質激勵對經理人不再重要，過於依賴物質激勵反而惡化了績效，破壞了經理人的合作意願。接受組織戰略時，經理人並不是為個人機會主義所激勵，他們更多地表現出合作、組織至上的管家行為，而且效率低下、道德風險等問題並不能依靠績效考核和物質激勵解決[2]。

(3) 利益相關者理論

利益相關者主要指在公司行為的程序和義務方面具有合法利益的個人或群體。此概念最早由美國斯坦福大學研究所提出，是在股東至上的單一治理模式遇到困局的基礎上發展起來的。對於企業而言，利益相關者包括三個角色，資本市場利益相關者、產品市場利益相關者和組織利益相關者。其外延主要包括（除股東外）債權人、管理者、一般員工、消費者、供應商等。首先，作為公司利益的相關者，他們和股東都對公司投入了專用性資產，若合約不完備，當

---

[1] Davis J. H., Schoorman D., Donaldson L. Toward a stewardship theory of management [J]. Academy of Management Review, 1997 (22).

[2] Bouillon M. L., Ferrier G. D., Stuebs JR. M. T., West T. D. The economic benefit of goal congruence and implications for management control systems [J]. Journal of Accounting and Public Policy, 2006 (25).

交易涉及資產的專用性時，不確定性必然會導致當事人之間的利益糾紛。為保護做出專用性投資的當事人的權益，選擇恰當的治理機制的必要性就顯現出來。其次，在利益相關者投入了專用性資產的同時他們要對公司的經營承擔相對應的風險。由於股東的有限的責任，債權人和其他人承擔了一部分剩餘風險。在承擔了風險的前提下，利益相關者的利益就應當得到保護。最後，其他利益相關者都以各自特有的方式，為企業法人財產的保值增值和公司的發展做出了貢獻。

利益相關者理論的代表人物布萊爾認為，公司不應僅僅是為股東的利益服務，應該為所有相關利益者的利益服務。如果相關利益者的定義包括了所有對公司有相應投入並且基於高度專業化而承擔剩餘風險的各類參與者，那麼這種觀念就可以作為探索公司治理改革的一種理性的和現實的基礎。由此，我們必須要堅持公司服務於所有相關利益者的觀點且在契約安排和治理制度上，堅持其應設計用來分配控制權、回報和責任給這些相應的相關利益者。利益相關者應當和股東一樣都參加到實際的公司治理當中並對公司擁有剩餘索取權。有效的公司治理結構應當是「共同治理」模式，即利益相關者共同擁有對應的剩餘索取權和控制權。

1.1.2.2 公司治理理論評述

在假設條件上管家理論和傳統的委託代理理論不同，委託代理理論具有高度的概況性和抽象性，更多基於經濟學的角度把經濟社會中的各個參與者都設為沒有差別的個體，其能夠抓住問題的本質，但是卻忽視了作為個體的「人」的獨特性和個體之間的特殊內在需求。管家理論重視作為人力資本個體的具體特徵和需求，其更多的是基於從管理學的角度考慮。管家理論運用博弈論和組織行為學等分析工具分析委託人和代理人兩個利益主體之間的交互影響和行為結果，分析他們之間的治理關係並進行研究。其突破了傳統委託代理理論的研究假設和思路，很好地補充了傳統公司治理理論研究。Caldwell 和 Karri（2005）指出，管家理論在追求組織的長期利益方面是對代理理論和利益相關者理論的更好選擇，是更好的治理模型，具有實踐和理論基礎，是系統、完整和整體的管理理論和組織發展原則，在倫理方面優勢更多[①]。

利益相關者理論缺乏實踐操作性。若所有利益相關者都參與公司治理，成本太高；利益相關者的利益目標差異的存在，若均參與治理，必然產生大量的

---

① Caldwell C., Karri R. Organizational governance and ethical systems: a covenantal approach to building trust [J]. Journal of Business Ethics, 2005 (58).

討論和協調，決策過程鏈條增加，決策效率降低。可以說，利益相關者理論在具體的操作運行環節存在成本和效益問題。另外，利益相關者理論沒有給出可用於判斷決策優劣的經營目標和業績衡量標準。強調利益相關者利益，讓經理對所有的利益相關者負責，就有可能讓他們對誰都不負責，甚至為經理人員逃脫對經營過程和改善業績應負的責任、追求私利和政府干預企業生產經營活動提供了借口。

1.1.3 養老金治理

1.1.3.1 養老金治理的內涵

相關實踐證明，整個養老金體系的投資績效會因為缺乏良好的治理而降低80到130個基本點。養老金治理對於養老基金獲得良好績效就像公司治理對於公司獲得長期利潤一樣至關重要。那麼養老金治理的內涵究竟是什麼呢？在公司治理如火如荼地深入進行的時候，養老金治理也作為一個熱點領域得到了重點的關注。許多學術機構和學者都對養老金治理進行了定義。

Stefan W. Schmitz 認為治理是協調解決由信息不對稱和機會主義引起的不完全契約所帶來一系列問題的制度安排。在養老金治理中，它由公司治理、養老金計劃契約等微觀層面和養老金監管框架、市場環境等中觀層面的制度安排構成。

John Por（1995）認為一個有效的養老金治理主要包含四個主要的因素：必要的知識、清晰的責任、相關信息、反饋循環。養老金治理是一個有效的能夠對其決定的結果負責、能夠反應過去經驗的決策體系。缺乏合理的養老金治理結構，整個養老金組織的活動便缺乏穩定的管理思維。

香港強積金計劃管理局（2007）認為養老金治理是一個治理主體對養老基金事務做出決策的制度框架。它包含了治理主體的結構，治理主體的決策過程，治理主體的必要的能力和技能，以及治理主體對各個利益相關者承擔責任的方式方法。養老金治理的目標就是要盡可能地減少潛在的委託代理問題以及會影響到養老金資金安全的養老金利益相關者和治理主體的利益衝突。良好的治理是建立利益相關者和治理主體之間互信的機制，從而有利於提高整個養老金計劃的績效。

Carmichael 和 Palacios（2003）認為治理是公司對自身事務進行管理的體系和過程，其目標是福利最大化和解決利益相關者之間的利益衝突。

Ashby Monk（2008）[①] 認為，養老金治理是法律和過程，涉及董事會結構以及監督養老基金資產分配投資兩個方面。

Watson Wyatt（2007）[②] 認為治理結構決策和權力代表體系，能保障組織用連續一致的方式做出有效的決定。養老金治理能夠最大化養老計劃的價值，能發揮協同和成本節約效應，管理法律和金融風險，提高計劃績效。同時，能夠減少金融風險、法律風險和聲譽風險，在極端的情形下做出適當的決定。

總結上述各方對養老金治理的定義，可以看出絕大部分學者都是從養老金治理所包含的功能方面對養老金治理進行闡述。本書對養老金治理的定義為：養老金治理就是養老金治理主體以養老金利益相關者的利益為出發點，為保證養老金各項決策的順利進行，通過治理結構和治理機制作用的發揮，妥善解決利益衝突並提高養老金營運績效的制度機制。

1.1.3.2 養老金治理與公司治理的關係

從法律層面來說，公司治理準則的法律結構適用於一般性的公司，也能夠應用於養老基金的治理主體。然而，因為公司治理和養老金治理的概念存在區別，所以對於與養老金相關的特殊的事務有必要提出額外不同的治理要求，建立適用於養老金治理的準則。其原因如下：

第一，對於公司治理來說，治理機制主要集中在股東的利益，而養老金的治理目的主要集中在包括計劃成員、受益人以及雇主等在內的各個不同養老金利益相關者上。這些利益相關者的利益與股東的利益和治理主體所有者的利益會產生衝突。特別當治理主體是一個商業營運機構的時候，這種利益的差異十分明顯。

第二，所有權和控制權分離是公司治理存在的基礎。公司股東享受企業所有權，而公司經理層享有企業控制權，他們之間的委託代理關係會帶來兩者之間的利益衝突，因此需要公司治理來解決兩者之間的委託代理問題。而在養老金治理中，利益衝突不是集中在養老基金股東和經理層之間，而是集中在養老金計劃利益相關者和養老金計劃的治理主體之間。養老基金作為金融市場上的重要金融機構，其自身的治理準則完全可以遵循普通公司治理的要求。養老金治理的重點沒有集中在養老基金自身股東和經理層之上，這是與公司治理在側重點上的不同。養老金治理關注的是養老金受益者等利益相關主體的利益在養老金運行過程中如何得到保護，特別是在發生利益衝突的時候，如何妥善解

[①] Ashby H. B. Monk. The geography of pension liabilities and fund governance in the United States [J]. Environment and Planning A, 04/2009, 41 (4).

[②] Multinational Pension Governance, watsonwyatt. com. June 5, 2007.

決。這是因為養老基金的資產是養老金計劃參與者的繳費，養老金計劃的受益人對養老金資產具有剩餘所有權和剩餘索取權，而養老金計劃參與者對養老基金具有剩餘控制權，從而我們發現在剩餘所有權和剩餘控制權的問題上，兩者會產生利益衝突，這是養老金治理需要解決的重大問題。

1.1.3.3 養老金治理新發展

2002年安然（Enron）和世通（World Com）公司財務詐欺醜聞發生之後，掀起了一股公司治理的浪潮，美國國會更是因此出抬了《2002年薩班斯—奧克斯利法案》。法案對美國《1933年證券法》《1934年證券交易法》做了大量的修訂，在會計職業監管、公司治理、證券市場監管等方面做出了許多新的規定，以期提高美國公司的治理水平和會計標準。但是該項法案卻沒有涉及養老基金和養老問題。儘管2001年Myners Review提到了養老金受託人方面的問題，隨后Morris Review對其他與養老金相關的問題也進行了分析，同時養老基金的會計標準在各個國家也都得到了提高，但是會計標準並不是養老金治理的主要問題[①]。與公司治理在法律上不斷修改完善相比，對養老金治理結構問題的研究進展緩慢。Watson Wyatt（2007）調查表明，基於潛在的風險，養老金治理對於大多數國家來說都是一個重大的議題。

發展良好的養老金治理結構需要得到更多的關注。一般公司和機構投資者的法律對於養老基金來說可能並不合適。在全球老齡化和養老金危機的背景下，OECD在養老金治理標準上扮演了領導者的角色。OECD在先後發布了關於公司治理的相關準則之後，針對養老金領域自身的特點，結合公司治理準則的經驗，出抬了有關養老金治理和監管的一系列規範。2005年《OECD養老金基金治理準則》《OECD關於養老基金監管核心準則的建議》《OECD保障養老基金成員和受益人權益的指引》構成了養老基金治理和監管的主要框架。2009年OECD又根據國際金融危機等新形式，結合治理框架對各個成員國的指導情況，推出了《OECD養老基金治理準則》2009年的修改版本，更加強調了養老金治理中對風險的把握和控制。該治理準則是為各個成員國提供一個養老金治理的參考框架，並沒有具體涉及治理結構和治理機制的細節。由於養老金治理受到各國歷史文化、經濟發展和制度變遷的影響，在具體的養老金治理結構設計和模式選擇等方面都各具特色，需要在自身制度環境下進行演變和完善。

[①] Pension fund governance: a global perspective on financial regulation [M]. Edited by John Evans, Michael Orszag, John Piggott. Edward Elgar Publishing, 2008.

1.2　企業年金風險控制理論

1.2.1　風險的認識

強有力的風險管理理論支撐良好的風險控制順利進行,而風險理論的基礎是對風險概念的準確認識。由於人們認識和技術的局限性、風險及其內容固有的複雜性,對風險的概念只是從不同的角度和出發點各自對風險概念進行了闡述,沒有一個公認的準確定義。基於對風險分析與看法所形成的學術觀點不同,形成了不同學派,主要分為客觀實體派和主觀建構派。

客觀實體派認為風險由事物內在因素和客觀規律所決定,而不是人的思維和主觀規律所能觸及的。風險是客觀存在的,人們只能在有限的時空內改變風險存在和發展的條件,改變風險出現的形態或者保持一定的狀態而不可能人為地消滅或者杜絕風險的發生。同時,風險是不確定的和可測量的,主要強調風險客觀的不確定性,介於完全確定和完全不確定之間,而風險的可測量性則是風險管理量化和處理的基礎。風險客觀實體派的主要思維基礎是強調了風險的可計算性和可補償性,並賦予了個人理性發揮的空間。在思維路徑上,帶著「經濟主義」色彩和「理性至上論」傾向[①]。

隨著社會發展的日益複雜化,傳統的有關風險及其性質理論與觀點無法給人們認識風險提供一個更宏觀、更綜合的框架,受到了主觀建構派的挑戰。主觀建構派以文化規範與社會公平正義決定風險概念的含義,將心理學、社會學、文化人類學與哲學的理論與方法融入風險的研究中,得出了與客觀實體派不同的有關風險的定義和認識。主觀建構派認為風險是由人們構建而成的並不是客觀存在的,其存在主要依賴於社會環境、人們的認識、態度、文化倫理等。同時,風險還具有社會性和團體性,其強調社會團體思維、觀點、行為的傾向性以及社會文化及其道德規範的偏離性。與客觀實體派觀點相同,主觀建構派也認為風險存在不確定性,但是否認風險存在可測性,認為風險不能用大數法則和客觀概率進行分析測定。

1.2.2　風險管理理論

風險管理是經濟單位通過對風險的識別和衡量,採用合理的經濟和技術手

---

① 卓志. 風險管理理論研究 [M]. 北京:中國金融出版社,2007.

段對風險加以處理，以最小的成本獲得最大安全保障的一種管理行為。要理解這一概念，需要把握以下幾點：①風險管理的主體是經濟單位，即個人、家庭、企事業單位、社會團體和政府部門，以及跨國集團和國際組織等；②風險管理過程中，風險識別和風險衡量是基礎，而選擇合理的風險處理手段則是關鍵；③風險管理的目標是以最小的成本取得最大的安全保障①。

1963年梅爾和赫齊斯的《企業的風險管理》和1964年威廉姆斯和漢斯的《風險管理和保險》出版，將風險管理第一次作為一個獨立的學科進行系統研究。關於風險管理較為全面而又確切的定義就是美國學者威廉姆斯和漢斯給出的。他們把風險管理看成一門新興的管理科學，而不僅僅是一門技術、一種方法或是一種管理過程。他們在書中指出「風險管理是通過對風險的識別、衡量和控制而以最小的成本使風險所致損失達到最低程度的管理方法」②。

現代風險管理的產生是社會生產力、科學技術水平發展到一定階段的必然產物，是人類為了生存而必須採取的措施。風險管理意識的形成和增強是風險管理產生的思想基礎，高度的物質文明是風險管理產生的物質基礎，動盪的局勢和社會矛盾的尖銳是風險管理產生的社會基礎，概率論和數理統計為其提供了理論基礎，近代的科學管理思想為其產生做好了最后的準備③。

1.2.2.1 傳統風險管理理論

傳統風險管理起源於20世紀50年代的美國，早期以保險行業最具代表性。「風險管理」這一名詞最早是在1930年美國管理協會發起的一個保險問題會議上由美國賓夕法尼亞大學的所羅門·許布納博士提出的。最早論及風險管理的文章名為《風險管理——成本控制的新名詞》，該文出現在1956年《哈佛商學評論》上。在文章中，Russell B. Gallagher提出希望進一步擴大風險經理人（Risk Manager）的權限，希望風險經理人在受限制的純粹被動和消極轉嫁的保險功能之上，能夠轉化和提升為積極的事前風險管理功能，把保險當成是風險管理的工具之一而非唯一。文中指出企業應該有專人負責管理風險，即在企業內部應該有一個全職的「風險管理者」④。至此，圍繞企業經營和發展的核心目標，風險管理成為與企業的經營管理、策略管理一樣具有重要地位的管理概念，風險管理逐步成為企業管理中一個具有相對獨立功能的管理學科。

---

① 劉曉林，何文炯. 風險管理 [M]. 大連：東北財經大學出版社，1999.
② 劉曉林，何文炯. 風險管理 [M]. 大連：東北財經大學出版社，1999.
③ 王曉群. 風險管理 [M]. 上海：上海財經大學出版社，2003.
④ 宋明哲. 現代風險管理 [M]. 臺北：五南書局出版，2001.

1.2.2.2 整體化風險管理

20世紀90年代以后，風險管理進入整體化風險管理階段。整體化風險管理把風險看成一個整體進行研究，在思維上衝破了傳統風險管理對風險的狹隘理解，從整體上認識風險，其研究和解決的是風險對企業的整體影響。究其原因，有兩大因素造成了這一時期風險管理的重大轉變：首先，保險理財與衍生性金融商品的整合，打破了保險市場與資本市場間的藩籬，明顯的例證就是財務再保險（Financial Reinsurance）與巨災風險債券的出現；其次，由於衍生金融商品（Derivatives）使用不當引發了多起金融風暴，促使財務性風險管理有了進一步的發展。

新型風險管理是風險管理理論發展的最新方向，它站在整個公司的高度看待風險管理，主要關注的是風險對沖的目的以及對整個公司價值的影響。全面風險管理理論的發展在內容上豐富了風險管理理論，在涵蓋範圍上使得風險管理越來越廣泛；在實際操作上，也使得其日益複雜，新的風險管理方式不斷湧現。Markowitz率先將「回報」「效用」這類金融術語與風險聯繫起來，其理論奠定了后來的金融學的基礎，並被后人發展成為現代投資組合理論；另一個現代金融風險管理理論發展的里程碑是1973年發表的布萊克—斯科爾斯期權定價模型。此時的風險管理以衍生產品定價為主要內容，它是站在交易員的角度為交易員解決對沖的技術問題，因此又被稱為交易員風險管理（Trader Risk Management）。該理論亦奠定了金融工程的發展基礎。投資組合管理理論、衍生產品市場和金融工程的發展為全面風險管理的產生提供了不可或缺的土壤，為企業風險管理提供了豐富多樣的工具。人們對風險管理的範疇也沒有一致的看法，正如人們對風險也存在各種各樣的界定一樣。內控、合規、審計、資產負債管理、基於風險的投資決策和績效計量、保險、衍生產品套期保值交易、準備金提取、計算機系統相關風險（IT風險）等，都是風險管理活動中關注的問題[①]。從不同的角度來看，現代風險管理的內涵各異。從金融機構管理風險所使用的工具和方法角度來說，可以將風險管理活動劃分為內部控制活動和金融工程活動。前者所使用的工具主要是管理制度、組織架構和審計稽核等，金融工程所使用的工具和方法主要是風險計量、風險定價補償和衍生產品對沖等。從風險因素角度看，風險管理包括針對各個風險因子的風險管理活動和從整個金融機構戰略管理角度將各個風險因子進行整合後的全面風險管理活動。從盈利管理角度看，風險管理活動包括經濟資本配置、風險定價、風險調整業

---

① 陳忠陽. 金融機構現代風險管理基本框架 [M]. 北京：中國金融出版社，2006.

績衡量和風險調整資本回報率等。從針對損失所採取的措施來看，風險管理活動包括三方面的內容：一是諸如各項業務的管理和內部控制等一系列用以避免損失發生、降低損失嚴重程度和發生概率的管理活動；二是包括保險、再保險轉移和衍生產品對沖活動，將可能發生的損失轉嫁給其他機構或市場參與者的活動；三是通過提取準備金或風險定價方式為可能的損失募集資金的風險承擔活動。

現代風險管理已經超越了傳統的以防範損失為主要內容的傳統風險管理階段，其已經上升到金融機構戰略管理的層面，與金融機構的投資決策和融資決策融合在一起，成為企業管理的核心內容①。

1.2.3 金融監管理論

1.2.3.1 基於新古典經濟學的監管理論

（1）金融脆弱說理論

Minsky 於 1982 年首次提出「金融不穩定假說」。該假說認為銀行在系統內增加風險性業務和活動以實現利潤最大化目標，由於此活動導致系統的內在不穩定性，所以需要對銀行的經營行為進行監管。② Friedman、Schwartz 以及 Diamond 從流動性方面所做的研究表明銀行及其他金融機構由於三個方面的原因而存在較大的脆弱性：一是短借長貸和部分準備金制度導致了金融機構內在的非流動性；二是存款合同的等值和流動性形成了在蕭條時期提取存款的激勵；三是在資產負債表中，主要是金融資產而不是實物資產、主要是金融負債而不是資產淨值。

（2）公共利益說理論

弗朗茨認為由於市場的脆弱性，如果放任自流就會趨向不公正和低效率；而公共管制是對社會的需求和公正所做的有效的、無代價的、仁慈的反應。因此，需要政府對經濟進行適當干預以糾正市場失靈③。

公共利益說理論認為，金融市場也存在失靈，失靈導致金融資源的配置不能實現「帕累托最優」，而金融監管作為一種公共產品，是一種降低或消除市

---

① 張琴，陳柳欽. 風險管理理論沿襲和最新研究趨勢綜述 [J]. 金融理論與實踐，2008 (10).

② Minsky, Hyman. The financail instability hypothesis: capitalist processes and the behavior of the economy in financial crisis, history, and policy [M]. Cambridge University Press, 1982.

③ 弗朗茨. X效率：理論、論據和應用 [M]. 費方域，等，譯. 上海：上海譯文出版社，1993.

場失靈的手段①。金融市場失靈主要表現在自然壟斷、信息不對稱、外部效應等方面：①自然壟斷：金融部門的壟斷可能造成有損資源配置效率和消費者利益的不良後果，如價格歧視、尋租等，這會對社會產生負面影響，降低金融業服務質量和有效產出並造成社會福利損失。②信息不對稱：現實運行中，金融市場表現為一個信息不對稱、不完全的市場，進而產生資金盈餘者無法正確判斷潛在的借款人是否值得信任、他們將資金投入運作後是否能產生預期的效益、到期歸還本息是否有保障等逆向選擇與道德風險問題，造成金融市場失靈。③外部效應：在金融仲介過程中存在監督、選擇信貸的外部性，存在風險與收益的外部性，存在金融混亂的外部性。如果銀行、保險公司、基金公司和養老金公司等金融機構破產，其破產的社會成本明顯地高於金融機構自身的成本，甚至會誘發金融危機，因此需要政府監管以消除這些外部性。

1.2.3.2　基於政治經濟學的監管理論

（1）政府掠奪論

政府掠奪論指出，如果通過政治經濟的角度能分清政府對經濟的作用，那麼我們就無法瞭解現代金融管制出現的原因。事實上，任何管制和監管都是政治家一手策劃並由政府推行的。因此，瞭解金融管制出現的關鍵是分析政府和政治家的行為模式。政府和政治家有自己的利益和自己的效用函數，並非像人們所想像的那樣是社會利益的代表，並與社會利益有著很大的差異。其之所以要對金融業進行管制，是為實現在政治收益和經濟收益等方面的自身收益的最大化，而不是如「金融脆弱說」和「公共利益說」表述的通過控制各種市場失靈、控制投資水平和控制物價水平，為經濟增長打下宏觀經濟基礎、防止各種金融風險的傳染、保護存款者的利益、資源配置效率的最優化以及保證金融體系的健康，等等。

（2）特殊利益論和多元利益論

政府掠奪論是特殊利益論和多元利益論的基礎。佩茨曼認為政府是由許多政黨和利益集團組成的一個抽象的概念（佩茨曼，1976）。政府掠奪論在此基礎上則無法清晰認識各種金融管制的產生過程。特殊利益論和多元利益論認為利益集團通過政治鬥爭而形成了金融監管，社會經濟利益集團構成了金融監管的需求者，而金融監管供給者則是政府中的決策機構。在需求與供給不斷匹配的過程中形成了相應的管制工具和監管制度。通過對各個利益集團結構和政治

---

① Stiglitz, Andrew Weiss. Credit rationing in market with imperfect information [J]. American Economic Review, 1981.

力量的判斷，我們能夠對這些監管工具和制度的變遷過程進行瞭解，並由此確定其效應大小以及分佈情況。

1.2.3.3 基於管制理論的監管理論

(1) 管制俘獲說

管制俘獲說認為管制機構不過是被管制者俘獲的獵物或俘虜而已，管制與公共利益無關。該理論的主要觀點是：大企業或大資本家控制著管制，這是由於大企業或者大資本家控制了資本主義制度，而管制是資本主義制度的一部分所導致的結果。管制措施隨著時間的推移，當被管制的行業「變得對立法和行政程序極其熟悉時」，情況較實施之初的有效性發生變化。管制機構逐漸被其所管制的行業所控制和主導；另外，被管制對象則利用它來獲取更高收益。因此，一般說來，「管制機構的生命循環開始於有力地保護消費者，終止於僵化地保護生產者」[①]。

(2) 管制尋租說

管制尋租說最早由克魯格提出。廣義的尋租活動指人類社會中非生產性的追求經濟利益的活動，或者指那種維護既得利益或者對既得利益進行再分配的非生產性活動。狹義的尋租活動是指以維護或攫取既得利益為目的，利用行政法律的手段來阻礙生產要素在不同產業間的自由流動、自由競爭的行為。尋租活動阻止了更有效的生產方式的實施，造成了經濟資源配置的扭曲，因為其本身只會消耗社會資源，不會創造任何社會財富，造成社會福利的損失，並導致其他層次的尋租活動或「避租」活動的產生。市場競爭的公平性被破壞，人們對市場機制的效率和合理性產生了根本質疑。金融監管作為政府管制的重要組成部分，同樣存在尋租現象，影響金融監管的效率和公平。

(3) 管制供求說

Stigler 從供求兩方面討論了政府管制的相關因素。在供給方面，Stigler 認為政府部門提供管制存在成本；在需求方面，管制可以提供包括直接的貨幣補貼、干預替代品和互補品的生產、實行固定價格、控制新競爭者進入等多種收益。在金融領域則有市場准入的管制、對業務活動的限制等。正如其在《經濟管制理論》中所說，「管制也許正是一個產業所積極尋求的東西，它的設計和實施主要為受管制產業利益提供服務，其通常是該產業自己爭取來的，管制只不過是不同利益集團之間的財富轉移而已」[②]。但是他也認為管制可能是強

[①] 江曙霞. 銀行監督管理與資本充足性管制 [M]. 北京：中國發展出版社，1994.

[②] Stigler G. J. The theory of economic regulation [J]. The Bell Journal of Economic and Management Science, 1971.

加於一個產業並會給受管制產業帶來麻煩的活動。

(4) 管制成本說

管制成本說認為金融監管像經濟生活中的所有活動一樣，都有成本和收益。該理論沒有簡單地肯定或否定金融監管，而是從成本與收益方面論證實施監管是不合算的。判斷貫徹實施管制條例過程中所耗費掉的資源成本是否有可能大於實現監管目標后的收益，或者運用機會成本的概念來判斷管制過程中所耗費的資源是否存在更好的、更合算的用途，以及怎樣能夠帶來更大的收益。

2 企業年金治理結構分析

2.1 企業年金治理結構的框架分析

21世紀以來，OECD國家在研究公司治理的基礎上，逐步把公司治理的研究範圍擴展到養老基金領域。2005年由OECD私人養老金委員會與私人養老金工作小組制定的《OECD企業年金治理準則》以及2009年修訂版本的問世對全球企業年金治理指明了發展方向，同時也樹立了評估的參考標準。作為一個企業年金治理框架性的文件，《OECD企業年金治理準則》總結了各國在發展企業年金當中的經驗，並加以抽象提煉，試圖將此作為模板應用到其他正在建立或者即將建立企業年金制度的國家，以實現各國聯合應對老齡化危機的目標。

在兩個版本的《OECD企業年金治理準則》中，治理結構框架以及與之相關的治理機制是研究企業年金治理的重中之重。該準則明確了企業年金治理框架的作用，並對企業年金治理框架的構建提出了共性要求。

2.1.1 以企業年金受益人的利益為核心

儘管企業年金計劃可以採取多種治理模式，但是作為補充養老保險計劃的企業年金其實質是為了將老年生活基本維持在工作期間的水平，確保企業年金受益人有一個穩定的收入來源，因而保護企業年金受益人的養老金給付權利是企業年金治理的核心環節。企業年金的計劃發起人、治理主體、外部監管機構以及以精算師、審計師為代表的仲介機構在行使自身的管理職責與監督職責時，應當把受益人的利益放在首要地位，為受益人利益最大化提供服務。

2.1.2 以內部治理與外部治理相結合為措施

企業年金的治理結構和治理機制的建設要充分依託內部治理與外部治理相

結合的方式。在內部治理中要嚴格規範治理主體基於風險控制的內部機制，在外部治理中除了應發揮企業年金監管機構的監管作用之外，還需要充分發揮外部專業服務機構的監督作用。通過這種內外結合的治理方式，使得企業年金計劃中各個參與機構都處在相互監督的地位，能夠有效地提高企業年金的治理效率，保證企業年金資產的安全性。

2.1.3 以強調治理主體責任為重點

企業年金治理主體擁有管理企業年金的法定權利，對確保遵守企業年金計劃協議以及維護受益人的利益負有最終的責任。即使治理主體將某些企業年金營運功能轉包給外部機構執行，也不能完全免除治理主體的責任。治理主體需要對外部機構從資格審查到業務監督的各個環節都盡到自身的責任。因此，對於處於企業年金治理核心地位的治理主體應當明確其在企業年金計劃中的責任界定，使其與企業年金計劃的目標相一致。

2.1.4 以信息披露和報告機制為途徑

《OECD企業年金治理準則》中花了大量篇幅強調了信息披露與報告機制的重要性和有效性。信息披露和報告制度在企業年金個人與機構之間，機構與機構之間，機構與監管部門之間建立了通常的信息溝通渠道，保證企業年金計劃的發起人、計劃成員和受益人能夠及時準確瞭解企業年金帳戶成本收益信息，保證企業年金計劃的各個營運機構能夠有效交換企業年金業務信息，保證企業年金計劃中的監管部門能夠通過信息實施及時有效的監管職能。可以說，信息披露和報告機制是企業年金治理中最為重要的機制之一。

2.2 企業年金的內部治理與外部治理分析

企業年金治理結構是企業年金計劃在外界條件和自身發展過程中所形成的一整套制度安排。既然是制度安排，則會受到國家經濟、政治、文化、法律等各種因素的影響而體現出不同的制度特色，甚至不同制度之間還會相互借鑑，吸收各自優點，達到制度優化的目的。儘管不同的治理結構各具特色，但也同樣具備企業年金治理的共同基本要素。我們以此為出發點，研究一般企業年金的治理結構框架。

從《OECD企業年金治理準則》的相關規定到各個國家企業年金治理的相

關實踐可以總結出，企業年金的治理結構框架是由內部治理與外部治理兩部分組成。內部治理是企業年金計劃的核心和基礎，外部治理是企業年金計劃的保障和補充。

2.2.1 內部治理

內部治理的核心是基於風險的內控機制。內控機制本身就是風險管理當中不可分割的一部分，企業年金治理中基於風險的內控機制則將企業年金營運過程中可能面臨的各種風險作為內控機制中特別加以關注的環節，體現了后金融危機時代對風險控制的重視。內控機制通過採取適當的控制措施，確保企業年金計劃中的各方當事人能夠按照企業年金計劃的議事規則、章程、合同或者與之相關的法律文件所規定的目標行事，確保所有當事人都能依法行事。內控機制實施的各項措施需要覆蓋企業年金計劃所有的組織和管理程序，這對計劃的風險管理和控制來說具有重要的意義。具體來說，內控機制包括：①定期評估企業年金營運和監督過程中所涉及的當事人的業績；②通過對薪酬機制的定期評價為企業年金營運和監督的相關負責人提供正確的激勵；③定期檢查企業年金信息處理、營運軟件以及會計報告系統；④對企業年金計劃中可能出現的利益衝突進行識別並採取相應的方法進行處理；⑤對不當使用特權信息的行為實施制裁的機制；⑥充分完善企業年金計劃風險管理制度包括風險識別、風險測量和風險控制等。

企業年金內控機制作為內部治理的核心制度安排，其功能的實現需要對各年金營運主體實施有效的內部監控和管理，使其以維護受益人的利益為目標。整個內控機制可以分為以下幾部分：

2.2.1.1 企業年金治理各方的責任識別和劃分

企業年金計劃是按照章程、議事規則和契約等關係建立起來的，這些與計劃相關的材料從法律上確定了企業年金的運行模式、內部治理結構和各方所應承擔的責任和義務。在進行治理各方的責任識別與劃分之前必須首先要明確治理各方都包含哪些實體。在企業年金治理過程中，涉及治理主體、外部服務機構以及仲介機構，他們各自承擔企業年金計劃所賦予的相應的責任。

企業年金治理主體按照治理結構類型劃分的不同可以是法人實體或者委員會，或者是不具有法人資格的實體，等等。作為處於治理核心地位的治理主體來說，其職責主要是監督企業年金的營運管理，確保企業年金按照計劃規定的相關目標進行運作；選擇合適的外部服務機構並對其管理進行監控；制定企業年金投資策略，保持資產配置的多樣化。

外部服務商的作用主要是基於成本收益和規模效率的考慮，選擇有專業能力的機構實現企業年金營運中包括投資、帳戶管理和資金託管等職能。企業年金的投資管理人專門負責企業年金基金的投資營運，以實現基金資產的保值增值。投資管理人需要以企業年金法律文書和治理主體所制定的投資策略進行投資營運，並定期向治理主體和監管機構提供投資報告。帳戶管理人則主要負責企業年金基金帳戶的建立、記錄企業年金帳戶繳費、投資信息，並對記錄按照相關規定進行保存。託管人則負責管理企業年金資產，使之與計劃發起人的資產相分離，確保資產的安全性。與此同時，託管人還可以作為一個監督實體，發揮外部告密者功能，對企業年金投資等重要環節進行管控。

　　以精算師、審計師、諮詢師為代表的外部仲介機構在企業年金計劃中發揮了重要的作用。精算師的作用主要是評估企業年金基金當前以及未來的養老債務，確保計劃的財務支付能力，這在 DB 型企業年金計劃中體現得最為充分。審計師是由治理主體或者監管部門任命，定期審查企業年金計劃的財務狀況、行政管理和會計結構，並將所發現的問題及時向治理主體和監管部門匯報，發揮外部告密者的作用。諮詢師則是幫助計劃發起人和治理主體制定更加合理的企業年金計劃，有助於治理主體和其他營運機構提高履行自身年金責任的效率。

2.2.1.2　企業年金內部糾錯機制

　　企業年金的內部糾錯機制保證計劃受益人在養老權益受到損害時，有權通過介入相應的法定糾錯渠道對損失予以彌補，並通過監管機構和法院對造成損失的企業年金管理方予以有效的懲戒。除此之外，企業年金還有非正式的制裁和懲罰機制用以保證治理主體以受益人的利益為根本目的進行年金計劃的管理。非正式的糾錯渠道包括了內部爭議程序和獨立仲裁，相比於正式糾錯渠道來說，能夠有效降低受益人的糾錯成本，同時處理問題也較為迅速。

2.2.1.3　企業年金內部激勵機制

　　企業年金計劃中存在利益衝突問題，企業年金治理主體和相關的外部服務機構在自身利益與計劃受益人利益產生衝突的時候，有可能以犧牲受益人利益為代價，產生道德風險。為此，合理的內部激勵機制是糾偏的有效方式。激勵機制可以分為有形和無形兩種。有形的激勵機制主要是指通過薪酬和績效的方式，使得治理主體與計劃受益人形成利益共同體，激發治理主體實施自身責任的積極性，保證受益人利益的最終實現。無形的激勵機制是通過聲譽等方式，增加治理主體違規的成本，通過代理人市場的約束機制，防範道德風險的發生。

2.2.2 外部治理

企業年金的外部治理主要是指監管機構、仲介機構和行業協會對企業年金計劃的指導、監督和管理。

2.2.2.1 監管部門監管機制

完善的企業年金外部治理結構中，政府和監管部門的作用非常重要，甚至內部治理框架的構建都需要以監管部門制定的法律法規為依據。監管部門選取的監管模式和手段將直接影響企業年金治理機制作用的發揮。構建一個合理的監管體系能夠有效彌補企業年金計劃內部治理的缺陷，以外部制度的方式實施干預，提高企業年金計劃治理主體及其相關外部服務機構的信息披露報告的質量和數量，督促其按照企業年金計劃所規定的要求履行職責。監管機構制定的法律法規形成了一套監督和懲罰機制，規範企業年金計劃中各個營運主體的個體行為，在一定程度上能夠解決企業年金計劃中存在的道德風險和逆向選擇問題，以此保護受益人的利益。

2.2.2.2 仲介機構監督機制

仲介機構參與企業年金外部治理，發揮監督機制是對政府監管機制的有效補充手段。企業年金計劃運行機制複雜，政府監管不可能做到面面俱到，存在監管失靈的現象，因此需要引進包括精算師、審計師在內的仲介機構參與企業年金的監管。仲介機構由於行業接觸面廣，處於信息相對優勢的地位，能夠掌握企業年金計劃營運過程中的第一手信息，並且由於仲介結構在企業年金計劃中處於中立位置，與營運機構之間不存在利益關係，因而能夠從獲取的信息當中及時發現計劃中是否有違規行為發生，並及時予以糾正或上報企業年金監管部門，維護受益人利益。

2.2.2.3 行業自律機制

同其他金融行業一樣，企業年金行業自律機制是彌補政府監管機制不足的另一種手段。企業年金行業的自律機制就是要在行業中建立起激勵和懲罰相結合的方式，以行業通行的規範準則約束自身的行為，通過制度和非制度約束相結合的方式，營造良好的企業年金行業文化，防止違規行為的發生。一般來說，企業年金行業協會負責自律機制的制定和實施。行業協會對整個企業年金行業的現狀和問題，特別是「潛規則」，有著更加深入的瞭解，制定的行業規範也更加具有針對性，有效地降低了政府監管的成本，同時，也為計劃受益人提供了一條有效的糾錯渠道。

2.2.2.4 信息披露與報告機制

信息披露與報告機制為企業年金計劃所涉及的各個利益相關者，包括監管

機構等提供了一個瞭解企業年金運行現狀的渠道。企業年金計劃相關的各項變動都需要及時向計劃參與者報告，包括繳費水平、投資策略、帳戶累積等。同時，計劃參與者也有權獲得企業年金營運的相關信息。在 DB 計劃中，計劃參與者需要瞭解支撐養老給付承諾的融資水平、企業年金資產配置和企業年金營運的其他相關信息。DC 計劃中，計劃參與者應當收到包括帳戶餘額、投資策略和業績在內的年度財務報告，若計劃參與者還具有一定的投資選擇權，則治理主體或者投資管理人應當定期通過公開渠道對計劃營運業績予以信息披露。完善的企業年金信息披露與報告制度在計劃營運管理中建立了信息有效傳遞的機制，使得企業年金營運管理的信息更加透明，降低了計劃發起人、受益人以及監管機構獲取信息的成本，降低了道德風險發生的可能性。

2.3　企業年金治理結構的類型劃分

企業年金治理結構按照法律形式的劃分通常主要包括機構型和契約型兩種。在機構型企業年金治理結構中，企業年金計劃具有獨立的法人資格，同時，其治理主體也就是該法人實體的內部機構，一般為董事會或者委員會；而契約型企業年金治理結構中，企業年金計劃不具有獨立的法人資格，交由外部具有企業年金管理資格的機構（通常是金融機構或者專業性的養老金公司）進行管理。這些外部機構在管理營運企業年金計劃的過程中，要確保企業年金資產與其自有資產相分離。契約型企業年金計劃的治理主體通常是年金管理機構的董事會。在一些國家比如西班牙，一些與治理相關的關鍵責任由單獨的監督委員會承擔。上述機構型和契約型企業年金計劃還可以繼續按照資產所有權的特徵做進一步的分類。

機構型企業年金計劃主要包括了公司型和基金會型兩種。在公司型企業年金計劃中，計劃成員有權利處理企業年金基金資產，公司的董事會作為治理主體將對企業年金計劃的營運管理負責。公司型企業年金計劃在歐洲大陸國家中採用得比較普遍，比如德國和奧地利以共同保險協會形式設計的養老基金（Pensionskassen）、德國以有限責任公司形式設計的支持基金（Unterstützungskassen）以及匈牙利類似於互助儲蓄協會的強制與自願的企業年金計劃。基金會型企業年金計劃在歐洲國家（包括比利時、義大利、瑞士、丹麥、芬蘭、荷蘭、挪威和瑞典等）也是一種受歡迎的計劃模式。在基金會型企業年金計劃中，計劃成員通常沒有處置企業年金基金資產的權利。只有計

劃發起人破產或者計劃終止，計劃成員才能夠獲得資產處置權。基金會型企業年金計劃的治理主體是基金的董事會，對作為基金投資受益人的計劃成員的利益負責。在採用機構型企業年金計劃的國家中，絕大多數採用的是單一治理委員會，其成員主要是雇主和雇員代表。在德國和荷蘭，則採用的是雙治理委員會結構。在雙治理委員會結構中，管理委員會負責企業年金的決策制定，而監事會則負責選擇和監督管理委員會，兩個委員會各負其責。

　　契約型企業年金計劃通常是企業年金管理機構的董事會作為企業年金基金治理主體。在有些國家，企業年金治理的關鍵責任則會連同分離的監督委員會一起承擔。契約型企業年金計劃同樣按照法律形式的不同可以分為個人契約型與團體契約型。在個人契約型計劃中，計劃成員擁有企業年金基金資產的處置權，而在團體企業型計劃中，計劃成員則只是作為企業年金基金資產投資的受益人。個人契約型的代表主要是西班牙和葡萄牙的企業年金計劃以及義大利的開放型企業年金基金會等。團體契約型主要以東亞地區的企業年金模式為代表，包括日本的稅收優惠年金計劃和韓國的補貼支持計劃。

　　信託型企業年金模式是盎格魯—撒克遜國家企業年金的傳統法律形式，它不能簡單地歸結於上述的機構型和契約型，而是具有兩者的共同特點①。在信託型企業年金模式下，作為治理主體的企業年金受託人對年金資產具有法律規定的所有權和處置權，並且需要以計劃受益人的利益為出發點進行企業年金基金管理，並與自有資產以及其他託管資產相分離。具體的企業年金基金資產投資的受益人由信託契約進行規定。雖然信託型企業年金的這種特點與基金會型相類似，但是受託人不是信託關係法律意義上的一部分。事實上，受託人可以以公司形式使得整個企業年金計劃類似於一個契約安排，這在澳大利亞和愛爾蘭的企業年金計劃中有所體現。在美國，由計劃發起人建立起的企業年金中，受託人除了具有基金資產的所有權外不具有任何營運和治理企業年金的責任。此時，企業年金的治理主體可以是發起人或者是第三方機構。當治理主體為第三方機構的時候，此時該企業年金可以看成是名義上的契約型。

　　在上述不同類型的企業年金計劃中，法律形式和法律關係的不同直接影響到企業年金治理主體與計劃發起人、計劃成員之間的利益衝突的差異性。由於計劃成員具有對年金基金資產的處置權，公司型和個人契約型計劃的資產所有權相對其他類型來說更加明晰。個人契約計劃的治理主體與計劃發起人、計劃

---

① Fiona Stewart, Juan Yermo. Pension fund governance: challenges and potential solutions [R]. OECD Working Paper, 2008.

成員之間幾乎沒有利益衝突，而公司型在利益衝突問題上還需要關注企業年金資產是否與機構的自有資產之間形成了有效的分離。在基金會型、團體契約型和信託型企業年金計劃中，企業年金計劃成員沒有基金資產的所有權，而僅僅是作為受益人的身分出現在年金計劃中，這容易滋生各主體之間的利益衝突。在 DB 計劃中，計劃發起人有通過長期拖欠企業年金繳費的方式或者利用信息不對稱竊取基金盈余等情況，這些都會影響到企業年金計劃中的老年養老承諾的實現。在 DC 計劃中，計劃成員擁有基金資產中自己繳費部分的所有權，但是這一部分所有權也受到工作年限、工作績效等一系列因素的限制。這取決於各個國家企業年金法律以及具體的企業年金計劃章程對既得收益權的相關規定。

2.4 企業年金治理結構的國際比較

2.4.1 盎格魯—撒克遜國家企業年金治理結構

2.4.1.1 美國企業年金治理結構

在美國，計劃受託人對計劃營運的所有方面包括資產管理負有責任。計劃受託人（Fiduciary）包括計劃發起人的員工、年金資產受託人和資產管理人。計劃受託人組成了年金基金的治理主體。《雇員退休收入保障法》（ERISA）要求一些單獨的企業年金計劃有一個或多個名義上的受託人（Fiduciary）能夠管理企業年金計劃，包括計劃投資，等等。計劃發起人和受託人可能會缺乏各種專業知識，需要有其他名義上的受託人來進行企業年金的管理。資產管理人、金融顧問和其他實體都可以作為功能性的受託人，對企業年金負有相應的法律責任。

在美國，封閉型養老基金必須是信託型的。受託人應當是經過計劃或者信託文件授權，或者被計劃受託人任命去管理企業年金資產。其對企業年金資產具有專屬權利和審慎管理的義務，以下兩種情況除外：①計劃文件或者信託文書明確規定信託人受到了名義受託人的指導。②管理、獲得、處置財產的權利被委託給多個資產管理者，受託人此時保持對這些財產的所有權。在單一雇主計劃中，計劃發起人有權任命企業年金的受託人。在多雇主計劃中，受託人的任命則是由雇主和雇員按照等比例的方式決定。作為企業年金基金治理主體的計劃受託人受到各種治理規則的約束。《雇員退休收入保障法》（ERISA）包括了三項基本的受託人職責：①受託人在做出計劃相關決定的時候需要以提供

計劃參與者養老給付作為唯一目的，這通常被稱為忠誠的義務，能夠防止一些利益因素的影響，比如借年金計劃之名，刺激計劃發起人產品的需求或者提高計劃發起人職工的勞動保障等。②受託人的各項活動被要求在審慎的行為基礎之上。信託法律要求計劃受託人的行為必須是小心的、專業的和審慎的。這就要求企業年金的受託人具有專業的知識、處理事務的技術能力以及對於負責年金事務的審慎和勤奮的態度。作為法院法律條令和勞動部法規的結果，審慎主要體現在：a. 對事件有著充分的考慮；b. 沒有盲目地依賴專家；c. 受託人沒有忽略對能夠影響決定的因素的調查。③投資分散化將損失的可能性降到最低[①]。

如果受託人具有投資方面的專業能力，受託人也能夠在某種程度上被授予資產管理的職責，此時受託人承擔了企業年金資產審慎投資的責任。受託人其他的功能責任還包括確保基金不會從事被禁止的交易並且對監管機構和基金成員披露相關信息。這裡的禁止的交易主要包括了限制自我投資比例不超過10%，禁止納入不合格企業年金營運管理主體等。

所有為企業年金提供專業服務的機構都是由計劃受託人直接任命。資產管理功能可以通過企業年金計劃發起人將資產委託給集合投資信託的方式加以實現。在這裡所提到的集合投資信託必須是在1940年《投資顧問法案》規定下註冊的投資公司，如果該機構是保險公司和銀行，則必須在經過兩個或者兩個以上的州法律允許的情況下，才能提供投資管理服務。《雇員退休收入保障法》（ERISA）還規定投資管理人必須以書面形式確認為年金計劃的名義受託人，以此作為受益人利益保護的機制。

其他為養老金服務的專業人才由計劃受託人任命。《雇員退休收入保障法》（ERISA）要求封閉型養老基金有獨立參與資產管理的託管人。託管人也是由計劃信託任命，計劃發起人超過100個員工還需要聘請獨立審計師。

在糾錯機制方面，企業年金受益人擁有糾錯的權利。如果企業年金違反了年金計劃的給付權，或者違背了相關法律所規定的計劃受益人的權益，受益人有權通過聯邦法院維護自身的利益。

2.4.1.2 英國企業年金治理結構

在英國，封閉型企業年金對最小的計劃成員數沒有規定，但是計劃也必須以信託形式存在。受託人擁有企業年金的所有權並且為計劃成員和受益人服務。受託人對他們的年金決策負有責任，他們必須審慎、盡職盡責、誠實，以

---

① Yermo. Pension fund governance [R]. OECD Working Paper, 2001.

及絕對地誠信。2004 年《養老金法案》（Pension Act）明確規定了受託人必須具備行使上述權利的專業能力①。

受託人通常包括雇員、計劃成員和受益人的代表。《養老金法案》（規定 1/3 的受託人由雇員代表提名。超過 100 人的年金計劃必須有最少兩個雇員受託人，100 人以下的必須有一個雇員受託人。組成受託人的人員當中，如果被證實其存在欺騙或者不誠實的行為，或者已破產和沒有資格作為董事的，不能作為受託人。

受託人需要對企業年金計劃的所有業務功能承擔責任。受託人制訂計劃的投資戰略並向監管機構提交投資原則報告。這些報告由企業年金治理主體通過並提交，需要定期修改並且在適當的時候公布給計劃成員受託人。該報告由投資行為和資產組合兩個部分組成，在投資原則的制定中需要考慮社會、環境和道德因素。整個年金計劃投資管理的具體操作則由受託人授權的資產管理人進行管理。在委託授權過程中，受託人必須確保投資管理人是能夠代表計劃利益的人選。對於 DC 計劃，受託人需要向計劃成員提供年度報告，報告包括 DC 帳戶價值、繳費，以及全年投資收益。在 DB 和混合型計劃中，受託人需要任命審計師和精算師。《養老金法案》（Pension Act）對受託人規定了各種額外的責任：年金給付的正確性、過去和現有計劃成員的準確記錄、保管完整合適的帳戶信息、採納合適的精算建議、繳費水平能夠滿足養老負債、任命恰當的專業顧問、告知計劃成員關於年金計劃以及他們的給付。《養老金法案》（Pension Act）對精算師和審計師的特殊責任進行了定義。精算師的職責包括年度審核是否符合法律的規定，及時確保企業年金業務的合法性。審計師需要檢查企業年金的年度帳戶，為受託人提供審計報告。審計師和養老金專家需要向法定監管機構報告任何違法行為以及需要解決的相關問題，他們必須向法定監管機構通報合同終止。

英國企業年金治理的特色是引進了企業年金監察員制度。該項制度是《養老金法案》（Pension Act）中應對企業年金監管所設計的措施，對違反企業年金計劃和企業年金法律規定的行為進行調查，並向監管部門報告相關情況。

2.4.1.3 澳大利亞企業年金治理框架

澳大利亞私人或者公共部門封閉型雇主企業年金必須是信託模式，其行業

---

① Mandatory Provident Fund Schemes Authority, Hong Kong. Supervisory oversight of pension fund governance [R]. Working Paper NO. 8, 2008.

領域的年金計劃非常普遍。開放型企業年金可以是強制的或者自願的，可以採用信託模式或者採用契約模式（退休儲蓄帳戶 Retirement Saving Accounts）。

《養老金行業法》（SIS）規定企業年金必須由受託人進行管理，企業年金受託人委員會中雇主和雇員的代表應當具有相同的比例。1996年，澳大利亞在盎格魯—撒克遜國家中首先建立了以適當性原則（Fit and Proper）為基礎的強制受託人准入制度①。受託人以自己的能力、勤奮、謹慎和誠實管理企業年金資產，充分保證計劃參與者的利益，使年金資產真正被用於養老。受託人能夠把包括資產管理在內的年金功能分配給外部服務機構，但是受託人仍然對企業年金管理負責。關於資產管理功能，受託人管理資產要以計劃成員的最大利益出發，有能力、勤奮、審慎和誠實。企業年金受託人對養老金計劃的營運所涉及的所有環節都負有責任，包括繳費收集，基金資產投資，與帳戶管理人及資產管理顧問簽訂年金的相關合同。受託人是計劃的單一責任主體，在對成員的受託責任以及監管職責方面，這是非常普遍的，他們對所有的年金功能承擔個人責任。受託人必須任命外部審計和獨立託管人，對DB型企業年金來說，還需要任命精算師。受託人還必須對計劃成員實行報告制度和對監管當局進行信息披露。從1995年開始，信息披露制度中強化了對風險管理方面的信息要求，其中還包括了在衍生工具投資中風險管理的實踐。

超級年金（Superannuation）是澳大利亞企業年金的一個突出典型。超級年金（Superannuation）是依據《養老金行業法》（SIS）建立起來的，計劃受託人需要遵循一系列的法律去保證以最合適的方式進行年金資產的管理（審慎方面）和被用於養老收入目的（單一目標檢查）。上述的管理標準同樣適用於信息披露和報告要求等相關年金事務，這包括：受託人設計實施一個應對風險的投資策略，保證資產配置的多樣性、資產的流動性和收益；向計劃成員通報超級年金的情況和業績；保持帳戶的準確性，並對帳戶記錄進行保存。超級年金的適當性要求年金受託人符合下列標準：不能有被認為是不誠實的行為；沒有受到《養老金行業法》（SIS）的民事處罰，不能沒有償付能力。

在糾錯機制方面，澳大利亞有權威的爭端處理機構，針對超級年金專門設置了申述法庭，這是澳大利亞糾錯的兩種途徑之一。另一種途徑則是壽險申訴服務（Life Insurance Complaints Service，LICS），該途徑主要是針對由保險公司管理的開放式企業年金。

---

① Fiona Stewart, Juan Yermo. Pension fund governance: challenges and potential solutions [R]. OECD Working Paper, 2008.

2.4.2 歐洲大陸國家企業年金治理結構

2.4.2.1 德國企業年金治理框架

在德國，雇主可以使用兩種獨立的法律形式來管理企業年金計劃資產。養老基金（Pensionskassen）類似互助協會的形式，採用公司型的企業年金計劃模式。與其他 OECD 國家一樣，德國的養老基金（Pensionskassen）有著法律人格和能力，但是它不符合 OECD 所制定的自治型企業年金計劃的要求。

在德國，養老基金（Pensionskassen）和其他保險公司一樣受到同樣的管理和監督框架的約束，包括相同的治理規則。然而作為互助協會的形式意味著也會受到一些特殊的約束。規模較大互助協會必須有治理主體：董事會和監事會，而規模較小的互助協會可以不要求具有監事會。董事會對機構的各項管理負有責任，監事會的主要作用是監督董事會的各項事務。

養老基金（Pensionskassen）董事會必須遵守投資管理規定並對成員履行信息披露義務。養老基金（Pensionskassen）由於與保險公司業務相接近，其有責任雇傭精算師，該精算師一般來說都是通過董事會任命。

支持基金（Unterstützungskassen）是與保險公司不同的獨立的法律實體。支持基金（Unterstützungskassen）能夠採取公司形式或者基金會形式，大多數會選擇採用基金會形式。基金會的治理主體是委員會或者大會，而公司形式的治理主體則是董事會。基金會形式的支持基金（Unterstützungskassen）沒有對治理主體和適應性提出特別的要求。對德國民法一般規定下的養老基金損失，治理主體成員負有法律責任。在基金會形式中，委員會的成員由代表大會的決議任命。對雇員代表加入治理主體沒有特殊的要求。出於稅收因素的考慮，雇員和工會成員加入支持基金的養老金決策是強制執行的。工會有權共同決定支持基金（Unterstützungskassen）的形式、組織和管理。工會的共同決策由兩方面來實現：一是工會以與雇主代表平起平坐的地位出現在治理主體中，或者兩者事先為治理主體定下標準，后者是比較普遍的。公司形式的支持基金為了能夠進一步處理好有限責任公司的事務，要求董事會成員必須遵從審慎人原則，在任命資產管理人、託管人、精算師和審計師等方面都沒有特殊的要求。

2001 德國聯邦法律還建立了一個新的契約型的養老基金（Pensionsfonds）。該養老基金主要由現存的金融機構進行管理，通過機構與計劃發起者之間訂立合同來安排養老基金計劃。

2.4.2.2 奧地利企業年金治理結構

在奧地利，養老基金（Pensionskassen）的法律形式是股份公司，因此可

以被確定為公司型。雇員和雇主是覆蓋單一雇主的養老基金公司的股東。其他的養老基金公司對持有股票沒有特別的規定。養老基金資產和負債必須同養老基金公司相分離。和德國不同，奧地利養老基金（Pensionskassen）被看成是一個特殊的自成一體的金融機構，受到特殊的監管，這和銀行以及保險公司不同。養老基金（Pensionskassen）的建立只是為了管理養老計劃資產和負債的特殊目的。

養老基金的治理結構通常由代表大會、董事會和監事會組成。建立顧問委員會也被年金法律所要求。代表大會做出決策的基礎主要是依據董事會和監事會批准的報告以及法律明文規定的相關問題。如果董事會明確要求，它只能決定與基金管理相關年金事務。代表大會的成員對股東、計劃發起人以及所有的受益人開放。代表大會至少一年召開一次，除了法律規定的其他事項以外，決策制定遵守簡單的多數原則。

董事會負責養老基金（Pensionskassen）管理的具體事物，遵守法規和內部制度。他們被要求按照養老基金（Pensionskassen）成員的利益行事，基於安全、盈利、流動性、資產多樣化和謹慎的原則。董事有義務勤奮行事，一旦違法則對養老基金公司負有責任。董事會成員必須至少有兩名，其中一名還必須定居奧地利。除了對法律和專業性的要求，董事必須有相關的職業培訓經歷和經驗。相應的規則要求合格的董事必須在金融管理機構至少工作3年以上，或者在雇主發起計劃和財務管理中擔任領導職務。有超過三個月的判罰和過去有破產經歷的人沒有資格成為董事。董事由監事會任命，任期不超過5年。董事會的事務不能由一個人決定。除非法律有特別規定，被任命為董事長的人選在決策正反雙方票數相等的情況下具有一票決定權。

養老基金（Pensionskassen）同樣建立了內部控制系統對董事會負責。監事會的職責是控制管理，任何時候都有權要求報告、監察養老基金的各種文件和帳目。特別的交易必須受到監事會的批准，特別是關於通常的商業政策、購置房地產、主要的投資和貸款。養老基金公司法案也要求養老基金資產用於信貸和貸款給計劃發起人需要經過監事會的批准。

養老基金（Pensionskassen）應當雇傭兩個精算師，其中一個獨立精算師由監事會任命[1]。為了保證獨立性，該精算師不能從養老基金（Pensionskassen）獲得超過其從事同等工作年收入的30%。他對養老基金的職

---

[1] Stefan W. Schmitz. The governance of occupational pension funds and the politico-economic implications: the case of Austria [EB/OL]. http://econwpa.repec.org, 2 July 2005.

責也被嚴格控制，必須向董事會、監事會和財政部提供年度報告，用以判斷各項事務是否遵從計劃實施，是否需要安排必要的繳費以確保基金的償付能力等。年度帳戶需要審計師的檢查和批准，審計師評估和確認年度帳戶是否符合法律規定的要求、養老基金資產的精算價值是否準確、是否為個人受益人建立單獨帳戶，同時就審計過程中發現的違法行為向財政部作出相應報告。

2.4.2.3 荷蘭企業年金治理結構

在荷蘭，封閉型企業年金沒有被要求有特別的法律形式，但是除了一些非常小的企業年金採用公司模式，幾乎所有的企業年金都採用了基金會形式（Stichting）。由於荷蘭在各行業層面的集體協商非常普遍，所以企業年金都與特殊的集體協商形式相聯繫。在一些行業當中，強制性的企業年金計劃被廣泛地採用。

企業年金的治理主體是基金會的董事會，它是一個由養老金和儲蓄法案（Pensions and Savings Funds Act，PSW）和普通法規定的內部實體。企業年金通常有一個執行委員會或者相似的內部管理機構，董事會將日常事務交由執行委員會進行處理。在決策制定時，董事會必須依照計劃所有主體的相關利益行事，協調各方利益。養老金和儲蓄法案（Pensions and Savings Funds Act，PSW）要求資產足夠支付養老金承諾，投資必須有合適的渠道，董事會對年金計劃營運的所有方面負責：包括投資政策（投資目標、積極管理還是消極管理、戰略戰術的資產組合、投資行為的組織、風險如何度量、績效評估、評價基準、基於資產負債表的價值）、建立精算和商務備忘錄（包括繳費累積以及投資政策）、主要政策的變化則必須及時向監管部門匯報、繳費收集和轉移、資產負責管理和待遇發放、遵循養老基金監管規則和內部規則的控制。

董事會有義務向計劃成員通報年金計劃狀況和涉及計劃的改變的相關信息和狀態。應計劃成員要求還可以設立成員理事會，成員理事會對董事會的所有決議行使純粹的諮詢功能、修改條款、改變養老金給付承諾。對成員理事會的規模沒有限制，具體成員是按在職與退休人員的一定比例選舉出來的。對成員理事會的設立沒有適應性要求。董事會向成員理事會提交養老基金的精算價值、資產負債管理、資產分配和績效、審計和精算報告。在 DC 計劃中，成員必須收到年度帳戶平衡報告。董事會要求任命精算師和獨立審計師（除非給付是由外部保障的）。精算師為監管機構提供年度養老基金的精算報告，審計師則負責審核資產負債表、損益表、投資回報報告等。基金會形式的企業年金沒有任命託管人方面的特殊要求。

董事會成員承擔個人責任，但是沒有要求必須對該項責任投保責任保險。

個人成員可以向董事會提出民事索賠。成員理事會同樣能夠向監管機構或者根據特別法庭的法律（Ondernemingskamer）提出申訴，就養老損失提出賠償請求①。

在採用公司型的企業年金計劃中，作為治理主體的董事會由雇主和工會經過選舉產生。在董事會中，企業年金的決策提議至少需要兩個以上的成員參與才能提出，在表決的時候遵循多數表決制。

在行業層面的企業年金計劃中，企業年金董事會成員是由雇主組織和雇員（工會）任命，由人數相同的雇主和雇員代表組成。董事會成員必須沒有犯罪記錄，並擁有償付能力。董事會作為一個整體必須具備足夠的專業知識和技能，以履行其職責，其中董事會中至少兩人必須具有管理經驗。從 1999 年起，法律規定監管機構可以通過測試，檢測董事會成員能力水平，使不合格的董事會成員喪失資格。因此，董事會需要在提交給監管機構（PVK）的報告中制定教育培訓政策。

同英國企業年金治理一樣，荷蘭企業年金計劃在 1995 年也引入了退休金檢查員制度，該制度沒有強制性地進行立法，其決策主要是依據善意和行業道德教育實施。

2.4.3 斯堪的納維亞半島國家企業年金治理結構

2.4.3.1 挪威企業年金治理結構

在挪威，封閉型企業年金採用基金會形式，並且都是建立在雇主層面之上。獨立的企業年金計劃管理必須與雇主以及工會分開，設立一個單獨的法律實體進行管理。

基金會型企業年金的治理主體是董事會，董事會需要對所有的年金事務服務，包括建立企業年金計劃的章程。董事會至少有 4 名成員，其中至少兩名成員來自雇員，並且可以在董事會中設立行政總裁，該職務由董事會選舉產生，負責整個董事會的運作。

董事會可以聘請精算師和外部審計師，但是對外部託管人沒有具體的要求。董事會可以任命外部資產管理人和外部年金給付管理人。在挪威，對於任命的外部服務機構，也必須通過資質審查，其中對於進行企業年金資產管理的機構提出了積極管理的要求。通常，參與企業年金管理的外部機構為人壽保險公司。

---

① Yermo. Pension fund governance [R]. OECD Working Paper, 2001.

2.4.3.2 瑞典企業年金治理結構

瑞典封閉企業年金也實行基金會形式。企業年金通常經由一個或者多個雇主發起建立，作為治理主體的董事會由相同人數的雇主和雇員代表組成。董事會的目的是保證雇主的養老金承諾。董事會主席由董事會成員選舉產生，若董事會成員不能履行選舉職能或不履行選舉職能的，則由監管機構對董事會主席進行指定。對董事會成員數量沒有限制。董事會的章程制定及其修改需要報送監管部門，同樣董事會還需要向監管部門提供年度帳戶信息，並監督企業年金的投資行為等是否符合企業年金計劃的規定。

董事會一般都需要聘請外部審計師，外部審計師審計基金並且評估企業年金計劃條款和資產充足率，雇主對企業年金負責價值提供保證，並且將年金維持在計劃規定的給付水平。對整個企業年金基金會的績效則交由瑞典金融監管局（Swedish Financial Supervisory Authority）進行評估[1]。

2.4.4 東亞國家企業年金治理結構

2.4.4.1 日本企業年金治理結構

在日本，封閉型企業年金採用基金會形式。每一個雇員養老基金（EPF）都是《雇員養老金保險法》（EPIA）約束下的一個公共法人實體，它在法律上與計劃發起人或者雇員相互獨立。管理和記錄服務可以交給養老基金協會。養老基金協會是一個非營利的私人組織，能夠管理提供保險受益和保證系統內年金給付的可攜帶性。

雇員養老基金（EPF）最重要的管理決策機構是代表大會，它由數量相等的雇主和年金計劃的參與者組成。代表大會能夠負責修改規章、年度報表、金融報告和帳戶設置。代表大會的董事成員和審計師一樣都是由代表選舉出來，能夠保持雇主和計劃參與者之間的平等權利。董事長對整個年金負責並且在與第三方的關係中代表整個年金計劃。董事需要遵守衛生部和勞動與社會福利部的相關法律法規。對治理主體的適用性要求沒有特殊的規定。託管人和審計師的功能在養老基金內部發揮作用。養老基金要求對其精算責任負責，但是沒有強制任命精算師的要求。然而，外部資產管理人的任命是必要的，符合要求的可能是信託公司、人壽保險公司或者投資顧問公司。

2.4.4.2 韓國企業年金治理結構

韓國的開放和封閉型企業年金以集體契約形式存在，並且每個企業年金至

---

[1] Yermo. Pension fund governance [R]. OECD Working Paper, 2001.

少要有 5 名計劃成員。企業年金按照要求需要任命獨立託管人和審計師，一般來說都由銀行來擔任該項角色。企業年金資產通常由銀行、保險公司和投資管理公司進行管理。在監管方面，對於年金的契約合同都按照一般合同規定進行處理，沒有基於企業年金方面的特殊規定。

2.5 企業年金治理結構趨同性和差異性問題的影響因素分析

從上述企業年金治理結構和治理框架的分析中可以看出，隨著全球化和政治經濟一體化的浪潮不斷推進，企業年金治理結構之間的相互學習和借鑑，造就了企業年金治理結構的趨同性。以盎格魯—撒克遜體系為基礎的信託型企業年金治理模式不僅僅在英、美等國繼續得到完善和發展，同時也逐漸融入非盎格魯—撒克遜體系的歐洲大陸國家，甚至是東亞等新興養老金市場，體現出企業年金治理結構的趨同性。同時，各國在結合自身經濟和社會發展水平的基礎上，通過對自身企業年金發展路徑的審視，在選擇適合的企業年金模式上也不斷融入本國特色並進行制度創新，體現出各國企業年金治理結構的差異性。

企業年金治理結構的趨同性與差異性存在辯證統一的關係。企業年金治理的趨同性是以承認各國企業年金治理結構的差異性為前提。沒有差異性也就無所謂趨同性。趨同性的結果也不僅僅是一種治理結構取代另一種治理結構的單一模式，也可能存在多種治理結構基於制度文化的結合點而共同存在的局面。儘管趨同化現象在各國企業年金治理結構中都有一定的表現，但是這種趨同化現象具有相對性，各國不可能完全採用一種被認為是「最優」的企業年金治理結構。不僅僅是因為「最優」的治理結構存在一個評價標準的問題，而且各個治理結構也與各國的具體國情相聯繫，因此，企業年金治理結構的差異性將會長期存在。接下來我們將對造成企業年金趨同性和差異性問題的影響因素進行分析，以期找到各國制度發展模式之間的內在聯繫。

2.5.1 經濟達爾文主義對治理結構趨同性和差異性的解釋

經濟達爾文主義借鑑了達爾文生物進化論「物競天擇，適者生存」的核心觀點，認為制度演進與生物界的自然選擇存在某種程度上的相似性，試圖運用生物進化論的觀點來考察制度的變遷過程。競爭作為常見的一般現象在許多領域都普遍存在，在制度變遷過程中也不例外。各種制度為了社會進步和經濟

發展的目標，在績效和效率方面展開競爭。按照進化理論的觀點，凡是留存下來的法律、慣例和實務等制度相對於那些被淘汰的制度來說，則是更加具有效率的。因為沒有效率的制度將會受到更有效率的制度的挑戰，直到效率更低的制度的衰落和滅亡①。那麼在經濟達爾文主義的邏輯下，企業年金治理作為企業年金發展過程中的制度安排，其效率的高低直接關係到該制度是否能在現有經濟社會發展環境下的可持續運行，而治理結構作為企業年金治理最為重要的表現形式，其本身也就是制度安排的一部分。

如何選擇合理的治理結構成為決定企業年金治理能否體現優越性的關鍵。不同的企業年金治理結構彼此之間會展開競爭，通過優勝劣汰的法制，剩下的則是效率最高的企業年金治理結構。因而可以說，按照經濟達爾文主義的推斷，運行良好的企業年金治理結構是有效的。由於制度競爭的關係，最後不同的企業年金治理結構會不復存在，取而代之的則是一種最有效的治理結構，體現出制度的趨同性。如果沒有採用該種治理結構，那麼企業年金治理的有效性將大為降低，難以實現企業年金本身所具有的各項經濟社會目標。在經濟全球化的背景下，各個國家企業年金治理結構的優點很容易被其他相關國家認識，同時，無效率的企業年金治理結構也暴露無遺。為了保證本國企業年金制度的健康發展，不同的國家都有利用「最優效率」的企業年金治理結構的衝動，出現各國均採用類似的治理結構的趨向。可見，一個國家可以通過借鑑和移植其他國家成熟的企業年金治理機構以提高本國企業年金治理的水平和效率。當某一種治理結構被大多數國家所認可和採用的時候，企業年金治理結構則表現出一定程度的趨同性。

然而，經濟達爾文主義在解釋企業年金治理結構趨同性方面也存在其局限性②。首先，不同的治理結構之間的優越性存在相對性和不確定性。在不同的時期，不同的國家很難判斷何種治理結構更好，何種治理結構將會被淘汰。在現階段企業年金治理結構的選擇方面，許多國家都傾向於選擇信託型，誠然信託型企業年金治理結構具有其自身眾多的制度優勢，特別是在經濟發展、資本市場發展與養老基金市場關聯度日益緊密的環境下，信託型企業年金更能夠充分發揮企業年金與資本市場互動的優勢，實現企業年金的保值增值。但是相對於契約型企業年金治理結構來說，信託型企業年金治理結構在各當事人權利義務的劃分和受益人利益的保護方面不見得就比契約型有多少明顯的優勢。同

---

① Jensen M. C. Organization theory and methodology [J]. Accounting Review, 1983.
② 李明輝. 公司治理趨同理論中的經濟達爾文主義批判 [J]. 江海學刊, 2007 (3).

時，對於多數信託型企業年金治理結構來說都存在兩個層次的關係結構，一個是委託人與受託人之間的信託關係，另一個是受託人與其他基金管理機構之間的委託代理關係。一旦關係結構處理不當，則會加重信息不對稱而產生嚴重的委託代理問題。可見，各種治理結構之間的優越性的確在時間和空間上存在著相對性。儘管英國所採用的信託型企業年金治理結構受到全世界各國的廣泛認同，但是德國仍然將公司型和契約型企業年金治理結構作為首選，並沒有一味地選擇當前流行的信託型企業年金治理結構。除了德國之外，其他歐洲大陸國家也基本沿襲原有的機構型企業年金治理機構，對信託型企業年金治理結構只是作為一種有益的方式引進，甚至有的國家還未引進信託型企業年金治理機構。

其次，對治理結構優越性的判斷也沒有一個統一的評價標準。對於效率的評價來說本來就帶有一定的主觀色彩，在不同的時代、不同的國家對企業年金治理結構的選擇有著不同的價值取向，由於各自關注的重點不一樣，則不能簡單地說哪種治理結構更好。受英美信託文化影響的國家認為信託型企業年金治理結構主要關注的是信託責任的履行，更加能夠注重保護受益人的根本利益，而崇尚歐洲大陸債權文化的國家則認為契約型企業年金治理結構從合同的權利義務角度，通過合同條款的有效執行來實現訂立合同雙方各自的利益，更加能夠體現當事人各方的權、責、利關係。可見，不同的評價標準和出發點所體現出來的只能是不同的治理結構在各自所擅長的方面表現出其各自的優勢。

最後，從企業年金發展歷程來看，按照經濟達爾文主義的觀點推斷，現階段應當只有一種單一的被認為「最優效率」的企業年金治理結構存在，至少也應當存在治理結構不斷減少、歸於統一的趨勢。然而就世界範圍來看，機構型、信託型和機構型企業年金治理結構並立，各自具有其蓬勃的生命力，甚至在同一個國家也存在多種不同的治理結構。這種由不同國家養老保險發展的路徑依賴和制度選擇博弈所產生的企業年金治理結構的多樣性是經濟達爾文主義淘汰論所無法解釋的，這也是本書接下來需要繼續討論的部分。

綜上所述，經濟達爾文主義在解釋企業年金治理的制度變遷的趨同性方面具有一定的合理性，不同的治理結構之間確實存在著競爭，在一定條件下，這種競爭將會促進企業年金治理制度的改革，從而將企業年金治理引向效率更高的方向。可以說，不同的企業年金治理制度之間的競爭以及對更高效率的追求是推動企業年金治理制度改革和趨同的基本動力。另外，經濟達爾文主義在解釋企業年金治理的制度變遷趨同性方面又具有一定的局限性、制度優越性的相對性和趨同性、評價標準的主觀性，以及無法解釋制度的多樣性等。這些都成

了經濟達爾文主義的軟肋。同時，我們還應當認識到企業年金治理向更有效率的方向發展必須是具有相應的條件，治理結構之間也並非僅僅是單項的趨同，而往往表現為各自的相互學習和相互借鑑。

2.5.2 制度變遷理論對治理結構趨同性和差異性的解釋

制度變遷理論的創始人諾斯認為，制度變遷可以歸結為強制性制度變遷與誘致性制度變遷兩種，其目的都是在一個制度處於不均衡的狀態下為了追求潛在獲利機會而進行的自發交替行為①。強制性制度變遷是以政府作為主體，以追求租金最大化為目標，運用政策、法律和命令等強制性手段實施的一種自下而上、激進的制度變遷過程，能夠在短時間內通過國家權力保證制度規則的運行。而誘致性制度變遷則是由個人或者團體組織等微觀主體，基於獲利潛在收益的目的，自發倡導、組織和實施的一種自下而上的制度變遷過程。這些微觀主體為了獲取制度轉換的收益，通過自上而下的方式表達自身的制度訴求和認同，直至最終影響制度決策性的制度安排。

那麼，從強制性制度變遷角度來看，企業年金是多層次養老保障制度的重要組成部分，而養老保障制度作為公共產品，由政府進行提供具有必然性和高效性。政府可以通過企業年金相關法律的制定，選擇它認為合適的企業年金治理結構。在企業年金治理結構的選擇上，政府會受到自身決策者的認識和觀念的影響。同時，行業領域內通行的制度標準也會成為一國政府設計企業年金治理結構方面的準則。近年來，《OECD企業年金治理準則》的頒布以及信託型企業年金治理模式的流行都成了左右政府制定相關政策的砝碼。這顯然會造成企業年金治理結構選擇上的趨同性。

從誘致性制度變遷角度來看，企業年金計劃可以看成是企業員工福利計劃的一種表現形式，企業處於人力資源管理的角度，希望通過企業年金的激勵作用留住優秀人才，保持企業的競爭力和盈利性。如果當前企業年金治理結構導致企業年金發展受到阻礙，那麼企業有可能選擇其他方式來實施企業年金的補充計劃。比如在存在嚴重的信息不對稱以及高額的監督成本的情況下，信託型企業年金的優勢將會大打折扣。也許一國企業年金制度中只規定了信託模式，但當企業發現與保險公司等金融機構簽訂契約合同的形式更有利於自身養老利益保護的時候，選擇契約模式構建補充養老保險就成為現實的選擇。隨著

---

① 科斯，阿爾欽，諾斯. 財產權利與制度變遷 [M]. 劉守英，譯. 上海：上海人民出版社，2005.

參與企業的初步增加，契約模式有可能逐步融入企業年金的正式制度當中，成為正式的企業年金治理結構之一。

2.5.3 路徑依賴與制度互補性理論對治理結構趨同性和差異性的解釋

路徑依賴是指在制度變遷的過程中，由於受到了歷史條件以及習慣等因素的影響會呈現出一定的「慣性」。一個制度在自身的發展路徑中會不斷進行自我強化，也就是說，過去的制度安排將會決定現有可能的制度變遷①。那麼依據路徑依賴的理論，任何一個國家當前的企業年金治理結構都受到當初制度制定時的歷史條件的影響。現存的治理結構從橫向比較來看，可能並不是目前最有效率的模式選擇，而是滿足當初制定制度時的條件約束。英美國家無論是遵循盎格魯—撒克遜傳統，還是歐洲大陸國家的古羅馬體系，企業年金治理結構都是遵循著其養老保障乃至社會文化的傳統。既然不同的國家有著不同的文化因素和若干潛在規則因素的制約，那麼自然而然各個國家就會體現出不同的企業年金治理結構特點。上述是對制度路徑依賴的靜態分析，主要是現有制度在既定環境下的繼承，在對路徑依賴的動態分析中，則主要是對現有既定環境下的發展變化分析。經濟全球化和養老金資本主義的發展極大地改變了企業年金治理制度變遷的獲利機會和變遷成本。當這種改變累積達到一定的質變程度時，將會打破一個國家原有企業年金治理制度安排的均衡狀態，從而導致企業年金治理制度的變遷。為此，在企業年金越來越受到各國重視的背景下，企業年金治理制度移植的動力和可能性都大大加強，從而使得企業年金治理結構的趨同性在一定程度上成為可能。但是，企業年金治理制度移植會受到路徑依賴等因素的阻礙，需要以一定的條件為基礎。

制度互補性是指不同制度或者制度當中的各個要素之間是相互適應、相互契合而不能分離的。從制度評價標準來看，這種互補性主要表現在制度要素之間的相互適應和相互契合能夠提高制度的效益，降低制度缺陷和成本。制度的互補性可以體現在協同性和補充性兩個方面，前者是不同制度或制度內部的不同要素所具有的激勵結構可以相互強化，這些制度或制度要素之間就表現出了協同性的互補關係，而後者是因為共存的制度相互彌補了各自的某種功能性的缺陷，並因此表現出了某種程度的互補性②。從存在即有合理性的角度來說，一個國家的企業年金治理結構作為一種制度安排既然能夠順利地實施，那麼其

---

① 諾思. 制度、制度變遷與經濟績效 [M]. 杭行，譯. 上海：上海人民出版社，1994.

② Schmidt Reinhard H., Spindler Gerald. Path dependence, corporate governance and complementarity [J]. International Finance, 2000.

組成要素之間也必然存在相互依存的關係。同時，這也要求企業年金治理結構需要與該國的制度環境，特別是非正式制度環境相適應。按照青木昌彥和奧野正寬的觀點①，由於一個體制內部各種制度之間是互為補充的，並產生出作為體制整體的強度，因此才會存在多樣性的制度。在這裡我們把這種多樣性的制度理解為制度之間存在差異性。對於企業年金治理制度的移植來說，可能會由於所移植的治理結構難以與原有的制度框架相契合或者為了與移植的制度相契合而同時引入其他制度的成本過高，這些都會給制度移植過程帶來困難。因此，如果一個國家僅僅是簡單化地移植其他國家的企業年金治理結構，而忽略了企業年金治理制度與該國的政治、經濟、文化、價值等具有互補性這一事實，則會造成該制度與本國其他制度不相協調，甚至發生衝突，最終影響該制度實施的效果。即使當初制度能夠平穩有效地移植，所移植的制度也必然會依賴於受體的環境進行適應、演進，由於受體與供體環境的差異，將會導致該制度在受體中產生與供體不同的演進途徑。儘管制度移植會導致不同國家企業年金治理結構在一定程度上的趨同，但隨著時間的推移，同樣的制度經過不同的演進，仍然可能會產生差異性的后果。因此，即便在全球化背景下，也絕不可能實現企業年金治理結構的完全趨同。

　　從上面的分析可以看出，路徑依賴可能會使得一國的企業年金治理結構被「鎖定」在一種看似「無效率」的狀態；制度互補性也可能會使一種看似最有效率的企業年金治理結構無法在一國當前的環境下實施。這表明，不同的企業年金治理結構絕不可能快速趨同於一種最佳模式，而且在其他國家被公認的最好的治理結構也不一定就完全適合另外一些國家，而要改變原有制度中的因素使之達到新的制度互補性也不是一件容易的事情。因而整個企業年金治理結構在國家之間仍然會保持差異性，「最優」治理結構的完全趨同化將僅僅是一個理想狀態。

---

① 青木昌彥，奧野正寬. 經濟體制的比較制度分析 [M]. 魏加寧，譯. 北京：中國發展出版社，1999.

3　企業年金治理的風險控制分析

企業年金營運過程中受到外部經濟金融環境和內部治理因素的影響，將會面臨眾多風險，因而風險控制在企業年金營運過程中將發揮極其重要的作用。企業年金風險控制的合理實施能夠確保企業年金資產的安全性和保值增值。同時企業年金作為養老基金的一部分，要想實現與資本市場的良性互動，發揮企業年金參與公司治理的作用，都必須以企業年金基金安全為前提條件。因此，本章首先對企業年金管理過程中所遭遇的風險進行分類，進而分析各自風險產生的原因，最后提出企業年金風險控制的對應辦法。

3.1　企業年金風險的識別

風險控制是養老基金管理的重要組成部分。企業年金基金面臨風險的多樣性、金融市場的動態性，以及企業年金基金委託人、受託人、投資管理人、託管人以及與監管部門的複雜關係。這使得企業年金的風險鏈比較長，風險面比較大，進而導致風險管理存在較大的難度。按照金融風險的不同分類標準，企業年金的風險包含信用風險、市場風險、流動性風險和操作風險，等等。本書從企業年金治理的角度出發，對企業年金計劃中的風險進行分類，包括與治理直接相關的風險和與治理間接相關的風險，對與企業年金治理關係不密切的風險，本書不進行重點討論。

3.1.1　與企業年金治理直接相關的風險

3.1.1.1　委託代理風險

企業年金作為養老收入補充計劃，有著多個參與主體。由於信息不對稱以及各主體利益目標不一致等原因，企業年金各主體的委託代理關係中隱藏著相

應的委託代理風險。在企業年金計劃當中，不同的治理模式所對應的委託代理關係存在著明顯的不同，進而風險的表現形式也大不一樣。企業年金的治理結構主要是機構型和契約型。在機構型模式中，企業年金計劃發起人作為委託人將企業年金計劃委託給專業的金融機構或者基金會等，作為企業年金計劃的受託人。同時，根據受託人自身的專業能力，還可以將企業年金營運中的專業功能分配給專業的金融機構加以管理，比如企業年金投資管理以及帳戶管理，等等。企業年金受託人與這些專業金融機構之間存在著所謂的第二層次的委託代理關係。此外，在企業年金計劃發起過程中，雇員與雇主之間就計劃本身來說也存在相應的委託代理關係。因此，我們可以說，機構型企業年金計劃的委託代理關係主要包括了三大層次，而對於企業年金治理來說，前兩個層次的委託代理關係更為重要，也是最容易產生風險的地方。

契約型的企業年金治理模式主要由企業年金計劃發起人與金融機構簽訂企業年金計劃，金融機構的作用主要是對大量分散資金的集合，並且按照企業年金計劃的規定基於受益人的利益進行企業年金計劃的營運。通過契約的簽訂，形成了企業年金計劃發起人與金融機構之間的委託代理關係。雖然相對於機構型企業年金治理結構來說，契約型企業年金的委託代理關係比較簡單，但是由於企業年金沒有獨立的法人地位，企業年金計劃的營運更多的是依靠金融機構自身的能力。企業年金發起人對企業年金的影響力較弱，其間存在的委託代理風險也不容小視。

3.1.1.2 委託代理風險分類

(1) 逆向選擇和道德風險

由於存在事前信息不對稱，企業年金計劃委託人（計劃發起人和計劃成員）不一定能夠在代理人市場中選擇到合適的計劃營運管理主體，存在逆向選擇問題。計劃委託人很難甄別潛在經營管理主體的真實能力，作為代理人的經營管理主體出於自身利益的考慮也有隱瞞真實信息以便能夠適時採用機會主義行為的動機。這些造成逆向選擇的因素最終都會危及計劃受益人的利益。同時，由於還存在事後信息不對稱，企業年金計劃委託人訂立了計劃契約之後很難有效地觀察到代理人的實際行動。在這種情況下，委託人很難辨別企業年金計劃的營運結果是代理人的主觀意願產生的，還是客觀現實運行的結果。這會誘發代理人的違約衝動，以自身利益為出發點，轉嫁企業年金營運風險，損害計劃收益人的利益。這是企業年金計劃當中的道德風險問題。

(2) 信用風險

信用的最基本特徵是到期履約，那麼企業年金的信用風險是指計劃營運管

理者在進行計劃投資、管理等業務過程中由於未能履行約定契約中的義務而導致年金資產損失，進而影響受益人利益的可能性。其主要表現在計劃不能按時依據養老承諾給付足額的養老金，基金投資收益沒有達到計劃約定的最低標準，治理主體沒有履行自身應盡的責任和義務，等等。甚至從廣義上來說，信用風險所涉及的範圍相當廣泛，只要違背了企業年金計劃的契約規定，損害了受益人的養老利益的行為，都可以納入信用風險的範疇。

3.1.2 與企業年金治理間接相關的風險

3.1.2.1 投資風險

企業年金投資是企業年金計劃的核心環節，是企業年金保值增值的關鍵，從而也是企業年金計劃保證其足夠養老給付的重要保障。企業年金作為長期性的投資基金，必須遵循安全性、流動性和收益性的原則，以維護企業年金計劃受益利益為出發點。因此，進行企業年金風險控制則必須十分重視投資風險的管理。

按照一般的投資風險分類，包括市場風險、利率風險、通貨膨脹風險、政策風險、集中風險、關聯交易風險等組成部分。按照本書是否與企業年金治理相關的分類方法，通貨膨脹風險、利率風險和政策風險屬於外部宏觀經濟風險，與企業年金治理的關係不大，因而在這裡我們主要關注企業年金的市場風險、集中風險和關聯交易風險。

（1）市場風險

市場風險是指市場中相關資產的價值和定價發生變化而引起的潛在損失或者未來受益的不確定性，特別是在投資過程中收益率低於目標收益率而導致的資產損失的風險。資產流動性風險也可以納入市場風險的範疇，通常是指由於金融工具缺乏深度或失靈，從而導致金融機構在運用此種金融工具時，不能按其資產的市場價值及時兌現而引起的風險。

（2）集中風險

集中風險是指過度集中投資於某類或某一資產造成資產虧損，使委託人和受益人的利益受到損害的風險，主要包括：企業年金基金過度依賴企業年金基金計劃發起人和參與人的繳費而不是投資績效；投資組合不能實現必要的分散投資，不能有效地降低投資組合的非系統風險；不能有效地分享其他金融工具提供的投資機會等。

（3）關聯交易風險

企業年金涉及眾多營運主體，運作複雜，極易產生關聯交易。關聯交易是

指企業年金基金管理機構之間存在控制關係或者在操作流程上相互之間有重大影響的市場交易。關聯交易風險則是在企業年金基金管理過程中,由於關聯交易的不確定而導致損失的可能性。具體來說,關聯交易風險側重於交易過程中發生的風險,是一種動態風險。關聯交易在一定程度上可以促進效率提高、降低成本,但是非公允的關聯交易會對企業年金造成很大的損害。企業年金關聯交易主要包括以下幾類:①本人交易,也就是同一主體交易。企業年金基金管理機構或其關聯方以本人身分出現與企業年金基金互為交易的雙方。②代理交易。企業年金基金管理機構以企業年金基金代理人的身分參與交易,交易的另一方為關聯方。③共同交易。企業年金基金管理機構在交易中以本人身分出現,與企業年金基金同為交易的一方與第三方進行交易。④自我投資。企業年金基金的自我投資,包括向發起企業貸款和購買發起企業或關聯企業發行的股票或其他投資工具。

3.1.2.2 操作風險

廣義的操作風險是指除市場風險和信用風險之外的所有風險。狹義的操作風險是指存在於金融機構運作部門中的,由於控制、系統以及營運過程中的錯誤或者疏忽而可能引起的潛在的損失的風險。新的《巴塞爾協議》將操作風險定義為:「由於不完善或有問題的內部程序、人員、計算機系統或外部事件造成損失的風險。」企業年金中的操作風險是指在企業年金基金管理過程中,由於企業年金基金投資管理制度上存在缺陷、人員素質不高、技術支持不到位或者操作失誤而導致損失的可能性。操作失誤包括以下兩個方面:①政策執行不當。這往往是由於信息沒有及時傳達給操作人員,或者在信息傳遞過程中出現偏差,或者操作人員沒有正確領會上司的意圖等原因而造成損失。②操作不當。即由於操作人員業務技能不高或者操作中偶然失誤等原因而造成損失。企業年金計劃營運過程中包含眾多專業性的金融機構,各機構間密切分工,處理企業年金營運過程中的各項實務。他們之間存在長期的業務關係,包括數據保管、數據交換、數據管理,等等,都可能由於人為和非人為的因素,造成企業年金的損失。因而,操作風險成為企業年金營運過程中必須要關注的風險類型之一。操作風險具體包括制度風險、獨立性風險、人員風險、財務風險和技術風險等。

(1) 制度風險

制度風險是指企業年金基金管理公司由於法人治理不健全等原因造成公司制度存在漏洞,或者制度缺乏可操作性而引起的風險。企業年金管理機構的員工可能由於監督缺失而使得權限過大。這種權力制衡機制一旦被打破,便埋下

了操作風險的隱患。

(2) 獨立性風險

獨立性風險是指在企業年金營運過程中，委託人的計劃資產與基金管理機構的資產，以及基金管理機構所持有的不同委託人的計劃資產之間沒有建立有效的分離機制，基金管理人有借此進行利益輸送的潛在可能。

(3) 人員風險

人員風險是企業年金營運管理人員因個人因素而導致失誤或者失誤給年金資產造成損失的風險。個人因素可能是客觀原因造成，如管理人員業務不熟悉或者疏忽大意，也有可能是主觀故意造成的，表現為道德風險。一般來說，人員風險的表現形式主要包括超過風險權限未察覺、越權或者違規進行投資交易，以及利用職務之便有意或者無意地洩露企業年金經營管理的保密信息而導致的風險。

(4) 財務風險

財務風險主要是指企業年金計劃在其運行過程中各個時期的收支平衡的風險。企業年金基金管理在保證安全性的基礎上也要兼顧投資收益率和資產流動性，這樣才能保證計劃受益人在退休後能夠領取足額的養老金收入，保證因故退出企業年金計劃的人員既得受益權資產的領取，避免長壽風險所帶來的養老金給付困難。

(5) 技術風險

技術風險主要體現為信息系統風險，是指在交易過程中由於系統故障而導致交易延長或者不能進行所引起的年金資產損失，或者在日常工作中，由於系統故障造成管理層上下級之間或者部門之間信息溝通不暢，影響正常的工作水平和效率，有可能產生不良后果。

3.2　企業年金風險的成因分析

3.2.1　委託代理風險的成因

從理性人的角度分析，企業年金基金管理機構都有自利的傾向。如果缺乏有效的約束機制，基金管理機構可能會做出損害計劃受益人利益的行為。在委託代理關係下，下列因素可能成為其違約的誘因：

3.2.1.1　信息不對稱

企業年金發起人作為企業年金受益人的代表與企業年金受託人以及各專業

機構之間存在著委託代理關係。這是委託代理風險的風險源頭。企業年金委託人希望受託人按照企業年金計劃執行的初衷是按照受益人利益最大化的目標進行行為選擇，但委託人由於營運過程中的不確定性和信息不對稱性，只能觀察到一些變量，無法直接觀察到受託人的全部行動選擇，而這些變量是由受託人和其他外生的隨機因素共同決定的，受託人可能會偏離委託人的目標函數，出現最終損害受益人利益的現象。同樣，對受託人以及其他專業機構來說，受託人處於治理的核心地位。由於自身專業能力的限制，受託人不可能經歷企業年金營運的各個環節，許多專業性的事物還需要委託給其他專業性金融機構進行處理。企業年金受託人與各專業金融機構存在典型的委託代理關係。正是這種關係的存在使得各金融機構擁有信息和專業方面的優勢。對於受託人來說，其核心作用的發揮受到了不小的挑戰。

3.2.1.2 不完全契約

企業年金計劃本身可以看成是對養老生活進行保障的一種契約安排。基於契約理論，契約安排可以分為完全契約和不完全契約。完全契約是指契約簽訂雙方能夠充分預見並能以明晰語言準確描述在契約期間內所發生的重要相關事件，能夠完全明確當事人的權利和義務，將來各方都不需要再對契約進行修正或重新協商。但這只是一種理想狀態，更多情況下是表現為不完全契約。不完全契約是指是契約中包含缺陷和遺漏，對各方的責任在某些情況下可能不會提及，或者對某些情況下的責任只做出模棱兩可或粗略的規定。現實中，企業年金契約各方制定和執行的契約往往是關係契約，是對總的目標、廣泛適用的原則、偶然事件出現時的決策程度和準則及解決爭議的機制達成協議，而不是對權利、責任詳細計劃達成協議。因此，契約往往只是從較為寬泛的角度去約束各當事人的權利和義務，只是一個框架性的合同。不完全契約是因契約雙方的有限理性和第三者無法驗證的原因才產生的。簽訂契約的雙方受到認知能力、信息傳遞、計算能力等條件限制，對長期內可能發生的各種情況很難全部都做出全面的計劃和安排，不可避免地存在契約條款的遺漏。同時，儘管契約條款中的一些內容對於契約雙方都是清楚並明確規定的，但是當出現契約糾紛的時候，契約雙方之外的第三人很難依據契約判定哪一方違約，哪一方應當承擔賠償責任。

3.2.1.3 剩余索取權和剩余控制權不匹配

剩余索取權是指對代理人收入在扣除所有固定合同支付後對余額的要求權，是相對於合同收益權而言的概念。剩余索取者也即風險承擔者，因為剩余是沒有保證的、不確定的，剩余索取者在固定合同索取被支付之前是什麼也得

不到的。剩余控制權是指企業年金基金契約一方擁有的對企業年金基金資產的實際運作權。企業年金基金的剩余控制權是一種稀缺資源，同樣的剩余控制權在不同的人手中體現出不同的價值。企業年金基金投資管理人因為身處投資市場第一線，能掌握較及時、較全面的市場信息，相對於企業年金理事會或法人受託機構以及計劃委託人而言，企業年金基金投資管理人通過對市場的洞察力、判斷力方面體現其人力資本優勢。如果僅僅從效率與激勵的角度來看，企業年金基金管理人同時擁有剩余索取權和剩余控制權能夠充分調動其投資和風險管理的積極性，促使其在擁有信息優勢的基礎上更好地進行投資決策，提高基金的投資績效和風控水平。然而，這樣的權利配置與企業年金的自身屬性是不相匹配的。現有權利配置的結果可能導致企業年金投資管理人在無須承擔投資後果的情況下，侵害企業年金受益人的利益。

3.2.1.4 風險鏈條過長

機構型特別是信託型企業年金的風險鏈條過長是企業年金風險存在的重要因素。同一般的共同基金和證券基金相比，企業年金有著更長的業務關係鏈條，這也就會有更長的風險鏈條。在整個風險鏈條上，哪一個環節出現錯誤，都會引起連鎖反應，對企業年金的安全運行造成影響。信託型企業年金當中委託人與受託人之間的信託關係、受託人與年金管理機構之間的委託代理關係涉及企業年金營運過程中各方的利益。企業年金計劃中作為代理人的各個年金管理機構都極有可能為了追求自身的利益，選擇不利於企業年金委託人的行動。

3.2.2 投資風險的成因

投資風險受到一國經濟發展、資本市場環境、監管環境等多方面的影響。一個國家的經濟發展水平是分析一國投資風險的前提。投資從本質上講是通過投資手段對國家經濟成果的分享。從另外一個角度來說，一般經濟發展水平也決定著資本市場的建設。資本市場是投資的重要渠道，是否有完善的金融市場、貨幣市場、債券市場和股票市場關係到投資風險的分散。投資監管主要涉及相關監管法律和機構的設置，這是投資風險的外部約束機制。對於企業年金投資來說，投資風險還與企業年金治理有關，企業年金投資營運主要是受託人負責投資策略的制定，而投資的具體事項則交由投資管理人進行處理。眾所周知，投資風險與期望回報率呈負相關的關係。投資風險越大，投資的潛在收益也就越大。如果沒有合理的企業年金治理結構，受託人和投資管理人的行為無法得到約束，就有可能以自身利益為中心，忽視年金參與者的利益，在投資策略的制定與投資的實施當中帶有很強的風險偏好，這會導致企業年金投資風險

的不斷上升。這會使企業年金投資可能會集中在自我投資和風險積聚比較大的領域，造成集中風險。企業年金的治理結構問題還會加重委託代理關係，從而引發關聯交易的發生。

3.2.3 操作風險的成因

從操作風險的定義中，我們可以看到人的因素是如此重要，因而可以說任何一種制度和措施都無法完全避免操作風險的發生，但是制度和措施的好壞則能夠影響整個操作風險發生的概率和所帶來的損失程度。從企業年金治理的角度來看，企業年金計劃的內控制度是影響操作風險的主要因素。內控制度缺乏或者是內控制度不完善，則企業年金就不能對計劃營運設置一系列具有控制職能的方法、措施和程序，並予以規範化、系統化，使之成為一個嚴密的、較為完整的體系。在這種缺乏管制的環境當中，人的行為的自由化和隨意化容易導致操作風險的發生。

3.3　企業年金的風險評估

在對企業年金風險進行識別以及成因分析之后，需要從定量的角度對企業年金風險進行評估，以下則依次對上述風險的評估方法進行簡要介紹：

3.3.1　委託代理風險評估

如前所述，信息不對稱以及不恰當的激勵是委託代理風險產生的根本原因。可見，委託代理風險的發生需要具備一定的前提條件，那麼我們在評估委託代理關係的時候則可以從這些條件入手進行分析。委託代理關係中信息不對稱的程度直接影響風險的強弱，代理人基於自身利益出發的行為也會受到道德、行業規範以及心理等多方面的影響，帶有明顯的主觀色彩，這給委託代理風險的評估帶來了一定的難度。一個有效的解決辦法則是充分利用信用評級機制。信用評級機制通過設定與委託代理關係相關的一系列評價指標，對評價目標的行為和結果進行長時間的跟蹤記錄，給予相應的評價等級，並隨所收集數據的變化，在信用轉移矩陣中進行評價目標狀態的修改，保持數據的真實性和有效性。

3.3.2　投資風險評估

企業年金投資與金融領域其他子行業的資金投資具有同屬性，可以借鑑金

融投資風險評估方法對企業年金投資風險進行評估。

3.3.2.1 方差/標準差（Standard Deviation）

方差/標準差用於衡量投資收益率偏離平均收益的程度。企業年金法規對企業年金投資策略都設立了指導性的規定，同時，單個企業年金計劃對企業年金投資也具有自身特殊的要求。因此，在評估企業年金投資風險的過程中，需要按照一般性的標準選擇樣本確定投資的平均收益水平。一般來說，指數基金的投資收益率可以作為參考的標準。

$$S^2 = \frac{\sum (X_i - \bar{X})^2}{N} = \frac{\sum x_i^2}{N} \tag{1}$$

上式中，S^2 表示方差；X_i 表示樣本；$\bar{X}$ 表示樣本均值；N 表示樣本數量；x_i 表示樣本 i 與樣本均值的離差。

$$S2 = \sqrt{\frac{\sum (X_i - \bar{X})^2}{N}} = \sqrt{\frac{\sum x_i^2}{N}} \tag{2}$$

上式中，$S2$ 表示標準差；$\bar{X}$ 表示樣本均值；N 表示樣本數量；x_i 表示樣本 i 與樣本均值的離差。

3.3.2.2 跟蹤誤差（Tracking Error）

跟蹤誤差是超額收益的標準差，可以用來衡量企業年金投資收益率與平均投資收益率之間的偏差，能夠揭示出企業年金收益率圍繞平均收益率的波動特徵。一般來說，跟蹤誤差的準確性與觀察週期的長短有關，觀察週期越長，觀察點越多，計算出的跟蹤誤差就越準確。

3.3.2.3 Beta 系數（System Risk）

Beta 系數是伴隨著資本資產定價模型（CAPM）的產生而發展起來的，它是對特定資產組合系統風險的度量，體現了特定資產的價格對市場變化的敏感性。當 $\beta>1$ 時，表明該特定資產組合的風險收益率高於市場組合平均風險收益率，同時，該特定資產組合的風險也大於整個市場投資組合的風險；當 $\beta<1$ 時，表明該特定資產組合的風險收益率小於市場組合平均風險收益率，同時，該特定資產組合的風險程度小於整個市場投資組合的風險；當 $\beta=1$ 時，表明該特定資產組合的風險收益率與市場組合的平均風險收益率呈現同比例變化，其風險情況與市場投資組合的風險情況一致。

3.3.2.4 在險價值（VaR）

VaR 是在給定的置信水平下，在一定時間內所持有的資產組合可能遭受到的最大損失。VaR 提供了一種對不同風險因子、不同風險工具和資產種類風險的統一測度方法，並且考慮了各種風險因子之間的相關性。VaR 的評估方法為

企業年金投資提供了對風險的總體測度，用一個數字就可以反應出某個風險敞口在給定的置信水平下可能遭受的最大損失。

VaR＝預期收益/損失－在給定置信水平下可能遭受的最大損失。

3.3.3 操作風險評估

傳統的操作風險評估可以運用或然率方法。該方法用損失超過曲線（Loss Exceedence Curve）反應所有的損失分佈的可能性。所有的不同或然率與相對應的損失乘積的加權平均則是最終的操作風險的度量。

另外一種基於精算基礎的操作風險評估會使用到聚合風險矩陣[1]。在評估過程中需要以大量的數據作為聚合分佈的基礎，而現實的企業年金營運過程中不可能有符合模型需要的操作風險數據，於是通過事故頻率（Frequency）與事故嚴重度（Severity）兩個不可分割的要素來解決上述的數據缺乏問題。每一個單獨的損失被看成一個單獨的數據點，頻率代表了操作風險事件發生的個數，而嚴重性則代表了每個操作風險事件所造成的損失幅度。頻率與嚴重性的累加則代表了操作風險損失的總額。

3.4 企業年金的風險控制

3.4.1 企業年金風險控制：基於與治理直接相關的風險

委託代理風險的控制主要從企業年金的治理入手，這是由委託代理風險直接產生於企業年金治理結構所決定的。

在委託代理關係中，需要在受託人、投資管理人與託管人之間建立相互制衡的關係。一方面，投資管理人與託管人之間需要建立相互制衡機制。另一方面，在試行辦法開始執行后，將引入多種類型的投資管理人形成競爭機制，使受託人的選擇空間更為廣闊。企業年金計劃管理當事人必須清楚管理企業及員工繳納的年金資產的宗旨和最終目標是為受益人提供退休生活保障，而實現自身利益的長期化、最大化、持續化的前提條件是年金市場運作過程中保證其資產安全和保值增值。在企業年金治理的過程中，應當以委託人實現自身利益為宗旨，建立最優激勵合同，其做法是通過設計一套激勵機制，促使代理人自發

---

[1] Joint Risk Management Section. Society of actuaries, Canadian institute of actuaries, a new approach for managing operational risk casualty actuarial society [R]. 2009 Society of Actuaries.

地像為自己工作一樣地去採取行動，充分調動代理人的積極性，最大限度地確保委託人的利益。可以通過賦予代理人部分剩餘索取權的方式，使得委託人和代理人形成一個密切的利益共同體，這是針對代理人不擁有剩餘索取權但卻掌握多數甚至全部的剩餘控制權的現狀，對剩餘索取權進行的重新配置。在設計最優激勵合同時，必須考慮信息不對稱情況的存在，委託人能觀測到的只是運作的一些事後數據和統計結果。這些結果是由代理人的行動和市場波動性等其他的外生隨機因素共同決定的。因此，設計最優激勵合同的核心內容是為激勵代理人選擇對委託人最有利的行動，委託人根據這些可觀測到的信息來獎懲代理人。信息經濟學認為在非對稱信息情況下的委託—代理合同模型中，最優激勵合同應該具備以下兩個重要特徵：

3.4.1.1 委託人和代理人共同承擔風險

代理人的努力程度在對稱信息情況下是可觀測的，委託人根據代理人的具體行動實行固定報酬。固定報酬包括代理人的努力的成本和保留工資，後者是代理人決定建立或不建立契約關係的最低收益限度，若低於保留工資，他的付出將得不到足額補償。從成本收益核算來看，建立契約關係對代理人來說是不合算的。代理人的保留工資只有在小於委託人的支付，同時代理人努力的邊際期望收益等於其努力的邊際成本時達到最優水平，出現代理人和委託人雙贏的局面。其中代理人不承擔任何風險，而委託人承擔由於市場變化等外部不確定性因素造成的風險。然而由於信息的不對稱性，代理人的努力程度不可觀測。如果代理人在不承擔任何風險的前提下尚能獲得固定報酬，其可以通過降低努力程度來保持或改善自己的福利水平，可以選擇為逃避委託人指責，將較差的工作業績歸咎於不利的外部市場變化的影響。委託人不能觀測到代理人的努力程度，不能證明出現較差的業績是代理人的原因，不能控制是否出現道德風險問題，也就不能實現帕累托最優。因此，要達到激勵最優，代理人必須承擔部分風險。在實際操作上，可供參考的分配方式是分成制，其包括兩部分：一部分是在任何情況下都有的固定收入，另一部分是與代理人努力程度成正比的浮動收入。這樣的收入分配安排使產量波動的風險分攤於委託人和代理人雙方，代理人的報酬也與產出直接相關。

3.4.1.2 充分利用一切可以獲取的信息

儘管代理人從自身利益出發會隱藏行動信息，但是委託人可以根據其他可以利用的信息對代理人的行為進行判斷，這可以作為委託人訂立合同的判斷標準。除了努力程度會影響代理人的業績之外，其所處行業的一些共同因素也會對業績造成影響。單個的盈利水平並不能充分反應代理人的努力程度，市場以

及行業的盈利水平同樣蘊含著有關該代理人行為的有價值信息。因此，在考核代理人業績時，需考慮行業的平均盈利水平、整個市場的變動狀況等多種因素。為剔除更多的外部不確定性因素的影響，可以通過將市場整體的盈利水平引入對代理人的獎懲合同，使個人努力與報酬的關係更加緊密，從而調動其努力工作的積極性。基於上述有效信息訂立的委託代理合同不僅能夠降低代理人獎懲的可能性，而且還有利於委託人排除外生因素對代理人的影響，減小代理人的風險承擔，節約風險成本。

3.4.2 企業年金風險控制：基於與治理間接相關的風險

3.4.2.1 投資風險的控制
(1) 市場風險的控制

第一，投資組合策略。現代投資組合理論的中心思想就是投資者利用投資品種之間收益率的相關性和風險的差異性，通過資產結構多樣化，減少投資風險。這種多樣化包括了部門或行業的分散化、資產類型的分散化、投資到期日的分散化、投資時機的分散化等多種形式。運用該理論的關鍵是通過資產結構的多樣化，即如何選擇不相關、相關性較弱、甚至是負相關的各種資產建立投資組合，實現最大限度的分散風險。現代投資組合理論建立在有效市場的基礎之上，如果有效市場的條件滿足，那麼企業年金能夠運用分散化的理念有效地進行投資風險的管理。資產配置是結合一定時期內經濟發展、制度變遷、市場營運、自身情況和趨勢等因素進行分析、預測后做出的決策。如果因素發生變動，決策者就需要對投資組合中各項資產比例進行相應的調整，對資產進行重新配置。因此，有效地運用投資組合理論的思想進行投資組合管理是一個動態的過程。

第二，金融衍生工具的策略。企業年金基金投資風險包括系統性風險和非系統性風險，能夠通過分散化投資消除的僅僅是非系統性風險，而對於系統性風險，則需要運用金融衍生工具進行風險管理。衍生交易控制金融風險的方法是在表外建立一個風險暴露趨勢與原有業務剛好相反的頭寸，以實現表外業務與表內業務風險的完美對沖。這種做法並不會改變原有基礎業務的風險暴露趨勢。比如期貨交易頭寸能以較少的資金支出來抵消基礎交易的風險，實現風險中和；期權交易還能抓住價格變動有利於自己的機會，在實現對沖風險的基礎上去賺取價格變動收益，並在價格變動不利於自己的時候繼續避險。雖然利用金融衍生工具進行避險具有準確、靈活、資金動用少、成本低等特點，但使用金融衍生工具進行企業年金基金的投資風險管理的前提條件是有效的金融衍生

工具市場和年金投資管理者對金融衍生工具投資策略的掌握和熟練應用。

第三，資產負債管理技術。資產負債管理是在可接受的風險限額內實現其既定目標，而對其資產負債組合所進行的計劃、協調和控制的過程。簡單地說，即是為企業年金基金投資的利率、流動性等風險選擇一種可行的資產組合（或資產組合平衡策略），使其盡可能滿足與負債現金流在總量、期限、類型、數量和風險上的匹配，同時在總量和結構兩個方面進行的動態優化管理。

第四，投資風險規避策略。投資風險伴隨著企業年金基金投資活動的整個過程，因而不可能進行完全的規避。但是我們可以通過對投資決策和投資行為的分析，對不同風險的重要程度進行定量和定性分析，主要針對較大的風險進行控制。此外，有效的投資風險規避策略必須依託於一個具有一定廣度和深度的資本市場。在這個資本市場中，市場規模能夠有效容納巨額的企業年金資產，能夠提供包括金融衍生產品在內的多樣化的投資工具，並且能夠通過合理的市場結構滿足企業年金基金的投資需求。

(2) 關聯風險的控制

關聯交易風險的控制首先必須要求企業年金基金管理的潛在關聯方能夠嚴格遵守相關法律對關聯交易的規定，認真履行自身職責；其次必須嚴格限制企業年金計劃發起人投資自有股票的比例，並對與之相關聯的公司和企業實行相同的投資限制。

(3) 集中風險的控制

集中風險的控制策略則是做到投資分散化，這與前面市場風險的控制是相關聯的。可以將投資分散化作為制定投資政策的原則，將設計分散化的投資策略、監督分散化投資策略的實施等作為控制集中風險的有效手段。

3.4.2.2 操作風險的控制

操作風險是廣泛存在於金融機構和準金融機構的一大高發性風險。為有效控制企業年金的操作風險，應針對不同風險的特性採取相應的風險控制對策。

制度風險的控制主要是通過完善內部制度並且增強其可操作性的方式來實現的。企業年金受託人在選擇投資管理人、帳戶管理人和託管人時，受託人最為關注的是其內部控制機制。基金管理機構合理的內部控制機制能夠保證年金營運嚴格遵守國家相關法律和行業的監管規則，建立有效的風險管理制度，提高基金管理的績效。

人員風險的控制可以通過員工行為準則、內部風險控制制度、保密制度以及各部門的業務規範等規章制度約束員工的行為。制度的可操作性是關鍵，只有制度真正落實、賞罰分明，才能有效地避免員工的越權和違法操作。

獨立性風險的控制首先需要建立分帳戶管理制度，針對不同的委託人開設不同的資金帳戶，各帳戶之間獨立操作、獨立核算。這確保了年金管理者所掌管的多個企業年金資產相分離，同時，這些年金資產也與管理者的自有資產相分離。其次，投資管理機構也應進行相應的人員設置，企業年金投資和其他資產管理的投資可以共用一個交易平臺，但具體負責交易的人員應實現分離和獨立，相互之間不能進行對方的投資交易。除了進行分帳戶管理外，投資管理機構在人員上也應進行相應的設置，以適應企業年金投資管理業務的要求。

　　技術風險的控制需要為企業年金基金管理配備先進的信息管理系統，並對系統硬件和軟件定期維護，同時，還要聘請合格的技術人員並賦予其適當的操作權限。

4 企業年金治理與風險控制的互動分析

企業年金治理和風險控制作為確保企業年金穩定安全運行的制度安排,在制度設計和內容上相互交叉、相互支撐,這成為企業年金治理和風險控制互動以及傳導機制發揮作用的關鍵節點。企業年金治理的核心是以企業年金受益人和利益相關者的利益為基本出發點,確保企業年金良好的管理投資績效,以期提供足夠的老年保障收入;而企業年金的風險控制機制主要是對企業年金營運過程中的風險進行識別評估,運用相應的風險控制措施進行風險的規避和轉移,對潛在的風險進行預防,保障企業年金資金的安全。從企業年金治理和風險控制兩大制度的安排來看,兩者的主要目的都著眼於實現良好的企業年金制度績效,促進企業年金制度健康發展。因此企業年金治理和風險控制之間的良性互動成為企業年金發展過程中的關鍵問題,兩者之間的傳導機制、互動框架以及一般性約束條件成為本書的研究重點。

4.1 企業年金治理與風險控制互動的意義

企業年金治理與風險控制的良性互動無疑會對企業年金的發展帶來巨大的推動作用,而作為養老保險重要組成部分的企業年金的壯大和發展對整個經濟社會的協調健康發展都有著重要的意義。

4.1.1 企業年金治理和風險控制對經濟發展的意義

企業年金治理和風險控制的互動能夠促進整個企業年金平穩有序地發展,擴大年金累積規模,優化社會儲蓄結構。研究表明,由於企業年金屬於長期性

儲蓄，較其他機構更偏向於長期投資，有利於將長期儲蓄轉化為長期投資，為經濟發展提供強有力的支持。同時，企業年金治理和風險控制的互動能夠有效完成養老基金的累積，保證老年人生活足額給付，穩定人們的老年收入預期，破解老年保障的困局，這有利於人們改變當前消費和儲蓄的預期，促進現期消費水平提高，提高儲蓄向消費的轉化率，優化經濟增長結構和增長方式。

4.1.2　企業年金治理和風險控制互動對社會穩定的意義

企業年金的營運過程伴隨著多種風險，包括通貨膨脹、投資和管理風險、道德風險和信用風險，等等。任何風險的發生都意味著會對企業年金資產產生影響，進而轉化為將老年風險影響到整個社會的老年保障問題。企業年金治理和風險控制互動正是通過發揮治理與風險控制之間的協同效應，保證了企業年金資金投資的安全性，減少了各種風險對於年金資產的衝擊，穩定了老年收入和消費水平，增強了社會對於企業年金乃至整個養老保險體系的信心。同時，在以企業年金為首的補充養老保險越來越受到重視的環境下，企業職工通過企業年金提供的老年收入補充效應，大大提高了養老保險水平的替代率，縮小了與機關事業單位和其他壟斷部門的老年收入水平差距，逐步提高了對老年風險的承受能力，有利於社會的和諧穩定。

4.1.3　企業年金治理和風險控制互動對社會保障的意義

隨著人口老齡化的不斷加深，老年生活保障成為社會保障亟待解決的重要任務。按照世界銀行推崇的多支柱的養老保障體系，作為補充養老保險的重要組成部分的企業年金在養老保障體系改革中具有舉足輕重的地位。企業年金治理和風險控制互動帶動企業年金的發展，與此同時，客觀上也對多層次社會保障制度的構建帶來了促進作用，對於減輕國家財政的養老負擔，降低基本養老保險的替代率以及保證老年生活水平都起到了關鍵的作用。基本養老保險替代率的降低是國家社會保障改革的大趨勢，努力構建以企業年金為代表的第二層次補充養老保險是打破社會保障改革僵局的關鍵，而企業年金治理與風險控制的互動恰好在其中扮演了推動器的作用。

4.1.4　企業年金治理和風險控制互動對資本市場的意義

企業年金累積了大量的年金資產，為了資產的保值增值，資本市場成了企業年金穩定投資收益的重要渠道。然而如果不能夠找到適合國情的企業年金管理模式和科學合理的治理結構，無法妥善處理企業年金基金的風險控制，可能

導致一國經濟發展與資本市場發展的劇烈波動。因此，企業年金治理和風險控制發展及其互動是企業年金與資本市場互動的先決條件。企業年金治理與風險控制的互動促進了資本市場的規模擴大和結構完善，帶動了金融創新進程，促使了資本市場多元化的投資格局和機構投資者規模的不斷擴大。眾所周知，企業年金作為資本市場上重要的機構投資者，具有長期性的投資策略，能夠對資本市場提供長期的資金資產，同時有效預防資本市場的投機性波動，通過長期儲蓄效應、流動性效應和利率效應等方式促進資本市場的發展。

4.2 企業年金治理和風險控制互動的傳導機制分析

在分析企業年金治理與風險控制互動之前，我們首先對企業年金治理和風險控制兩者進行一個簡要的闡述。如前面章節所述，企業年金治理主要由內部治理和外部治理有機結合而成，內部治理是企業年金計劃的核心和基礎，外部治理是企業年金計劃的保障和補充。內部治理主要體現為基於風險的內部控制機制，外部治理則主要體現為外部監控機制（包括企業年金監管、外部仲介機構監督和行業自律）。企業年金風險控制主要包括風險約束機制、風險監督機制、風險分散機制和風險補償機制。企業年金的內部控制機制確保在企業年金營運和監督過程中，治理主體和其他計劃實體能夠明確自身責任，按照有關法律和章程確定的目標行事；而風險約束機制的關鍵在於企業年金的治理結構和治理機制是否合理，能否使得包括治理主體在內的各實體各司其職，很好地履行自身的職責，這與內部控制機制存在相互重疊的功能要素。企業年金的外部治理和風險控制中風險監督機制都以監管主體的監督為核心，同時以外部仲介機構監督和行業自律為補充，這需要外部治理與風險控制緊密結合，保證有效的信息披露和報告制度，使得監管機構能夠獲得準確及時的信息，在合理的監管框架下完成對企業年金營運的監管。除了上述兩者之間的聯繫外，企業年金治理與風險控制在風險分散和補償機制上也存在聯繫，治理結構和治理機制的完善直接影響到風險的分散和補償的合理性。反之，風險分散和補償機制的穩定運行又要求企業年金治理的有效性。由此可以看出，企業年金治理與風險控制之間的互動極為緊密。因此，以下將對兩者之間互動的傳導機制進行分析。

企業年金治理與風險控制互動的傳導機制包含以下三個部分：以風險為基礎的企業年金內控機制；企業年金的信息披露和報告制度；企業年金各治理主

體的選擇機制和能力培育體系。

4.2.1 以風險為基礎的企業年金內控機制

按照美國會計師協會首次提出的內部控制定義，內部控制是指為保護公司現金和其他資產安全、檢查帳簿記錄準確性而在公司內部採用的各種手段和方法。COSO委員會在《內部控制—整合架構》報告中指出內部控制由三大目標（營運績效、財務報告可靠性和法令遵循）和五大要素（控制環境、風險評估、控制作業、信息與溝通、監督）所組成[1]。《OECD企業年金準則》將企業年金內部治理作為企業年金治理機制的核心內容。在2009年最新的企業年金治理中，除了強調確保在營運和監督兩項責任的內控機制中，所有當事人和實體都能按照企業年金基金實體的有關章程確定的目標行事。較之2005的版本在企業年金內控機制上強調了以風險為基礎的目標，這一變化迎合了後金融危機時代企業年金治理對於風險因素的關注[2]。

內控機制對企業年金營運和監督過程中所涉及的各當事人和實體進行業績評估，通過數據分析找出企業年金績效在一段時間內的軌跡，以及隱藏在數據背後的影響因素，特別是對績效產生負面影響的原因進行分析。運用包括內部審計在內的風險管理方法，對企業年金營運過程中的各環節進行審視，看其是否符合企業年金計劃的規定。通過設立科學的薪酬機制對各個實體提供正確的激勵，減輕企業年金中的委託代理問題。企業年金計劃中的利益衝突是計劃的潛在風險源頭，對計劃中可能出現的利益衝突要保持高度的警惕，制定一系列措施，對其進行識別監測，必要的時候要果斷解決和糾正利益衝突。為涉及企業年金安全的特權信息和機密信息建立良好的信息保密和傳遞體系，既保證了各當事人之間信息溝通的有效暢通，又保證了信息（特別是特權信息和機密信息）的安全。從《OECD企業年金治理準則》中可以看出，良好的內控機制是企業年金治理的重要組成部分，整個企業年金治理內控機制的設置和內容基本涵蓋了COSO委員會關於內部控制的目標和要素，其有關風險評估和監督的部分主要是從企業年金內部出發，可以將其歸為企業年金內部的風險控制部分。因此，通過對企業年金治理中內控機制的設計和運行，能夠為整個企業年金的風險控制提供第一道有效的風險屏障，成為企業年金治理和風險控制互動的轉換點。內控機制作為企業年金計劃自我約束的一種制度安排，與風險控制

---

[1] Walter Deffaa, Philip Mitchell. Internal control-integrated framework: guidance on monitoring internal control systems [R]. Committee of Sponsoring Organization, 1992.

[2] OECD. OECD guidelines for pension fund governance 2009.

中的風險約束機制有著異曲同工之處。內控機制越有效、越科學，就越能在信息溝通順暢的基礎上，激勵各方當事人和實體的積極性，提高企業年金治理和運行的績效，建立完善的事前識別和監測，事中預警、防範和處理，事後評估和報告制度，及時發現風險源頭，做好風險控制工作，將各類風險控制在最低限度。

4.2.2 企業年金的信息披露和報告機制

企業年金治理主體需要定期向企業年金計劃的參與人和受益人以及監管機構等及時準確地披露企業年金計劃的相關信息，以保障各相關利益主體的利益。企業年金受益人作為年金資產最后的領取人對企業年金的營運成本、投資收益等信息具有知情權，需要通過對企業年金披露信息的分析，運用年金資產剩餘所有權和剩餘索取權的權力對企業年金計劃進行監督。同時，基於公共利益理論，金融市場存在市場失靈，從而導致金融市場的資源配置不能實現帕累托最優。金融監管作為一種公共產品，則是一種降低和消除市場失靈的手段。作為企業年金的監管部門，需要企業年金定期提供監管所需的投資、財務、營運報告和數據，對企業年金計劃進行監管，對風險防範於未然。無論採用何種監管模式，監管的有效性都取決於對被監管對象所需信息獲得的及時性和準確性。信息披露和報告制度則是獲得該類信息的重要渠道。監管當局和行業協會可以對企業年金信息披露和報告制度提供原則性方案並監督實施，從而協助企業年金的監管和行業自律。與此同時，按照《OECD企業年金治理準則》中治理機制的設計，信息披露和報告機制是治理機制的重要組成部分，因此成為年金治理與風險控制互動的又一結合點。企業年金計劃的監管體系以完善的信息披露和報告機制為依託，降低監管成本，提高監管效率。通過兩者在信息披露和報告制度上的密切合作，不斷促進企業年金治理機制的完善和提高企業年金監管體系的有效性。

4.2.3 企業年金各治理主體的選擇機制和能力培育體系

企業年金治理主體享有管理企業年金的法定權力，負有各項法律責任，即使企業年金將計劃營運的責任分配給其他專業的外部服務機構，治理主體仍然是企業年金計劃營運監督和實施的最終責任主體。治理主體能力的大小直接關係到企業年金治理的績效。企業年金計劃行政管理的順利進行，企業年金投資策略和成本收益控制，資產配置的多樣性和分散性，營運負責人和外部服務機構的監督和更換，以及利益衝突情況的控制等都需要運用治理主體的智慧來加以解決。同時，由於企業年金營運過程中的風險控制直接關係到計劃參與人和

受益者的最終利益，而治理主體又對年金計劃的目標承擔最終責任，因此，治理主體必須具備風險管理的理念和處理風險的能力。由此可見，企業年金各治理主體的選擇是企業年金治理和風險控制互動的關鍵，有效選擇合格的企業年金治理主體，提高企業年金治理主體的素質和能力成為企業年金發展的重要環節。通過資格准入制度等方式，保證企業年金治理主體達到管理企業年金計劃應有的水平。企業年金治理主體能力的提高，能夠使自身對企業年金計劃的各方面都有深入的瞭解，通過專業化的眼光和敏銳的嗅覺發現企業年金計劃中已經存在或者存在的各種風險，並能夠運用合理的專業化手段，對風險進行識別評估，進一步做好企業年金的風險控制工作。

4.3 企業年金治理與風險控制互動的基本框架

按照本章對企業年金和風險控制傳導機制的分析，企業年金治理與風險控制存在著企業年金治理——企業年金風險控制——企業年金治理雙向循環過程，並伴隨從繳費到給付的企業年金運作始終。企業年金治理通過內控機制構建了風險控制的第一道防線，通過信息披露和報告制度為風險控制提供了準確及時的信息溝通渠道；風險控制則通過監管機構、行業協會和外部仲介機構對企業年金的治理提供信息正反饋，並引導企業年金治理結構和治理機制的完善和發展。企業年金治理和風險控制雙向互動的核心傳導媒介是企業年金治理主體，其能力和素質的高低直接影響企業年金治理結構的合理性和機制運行的績效，影響企業年金內外部信息溝通和處理，影響企業年金計劃自身潛在風險的大小，影響企業年金風險控制措施的實施。因此，治理主體的作用在企業年金治理與風險控制互動過程中得到了再一次強調，需要更加關注企業年金治理主體選擇機制和培養體系（見圖 4-1、圖 4-2）。

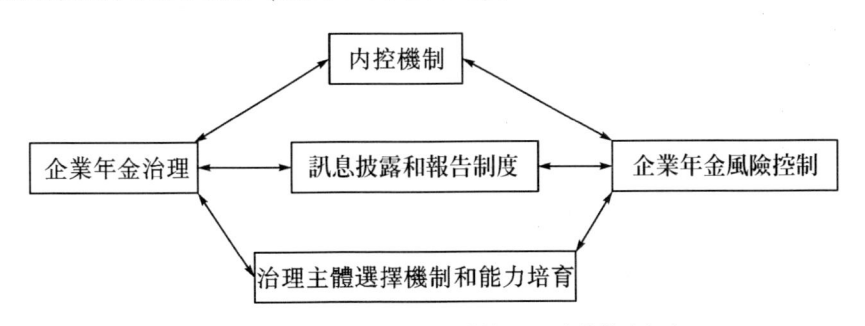

圖 4-1 企業年金治理與風險控制互動的基本框架

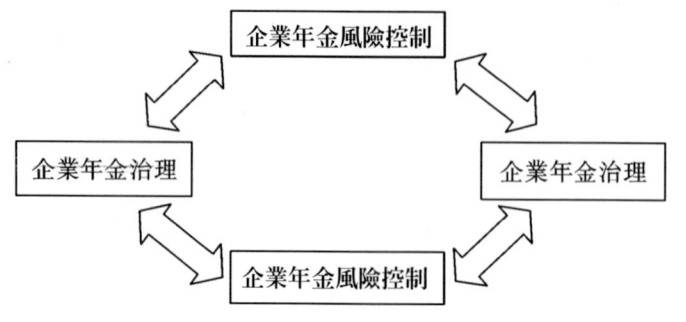

图 4-2　企業年金治理與風險控制互動的雙向循環過程

4.4　企業年金治理與風險控制互動的一般性約束條件

4.4.1　企業年金治理結構發展路徑

企業年金治理和風險控制互動依賴於企業年金的治理結構。由於企業年金的法律組織形式各不相同，在世界各國存在著信託型、公司型、契約型、基金會型等企業年金治理結構，所以企業年金治理主體和其他參與實體也就存在多種形式。不同類型下企業年金治理主體和各方實體的多寡不同，他們之間的法律關係不盡一致，作用和法律地位差異較大，各參與實體之間的法律關係也就大相徑庭，內部控制機制的要求也必然會不同。同時，治理結構和治理主體的不同，整個年金計劃所面臨的風險也不盡相同，風險控制機制的設計也就各具特色；同樣，年金計劃面臨的不同風險也將會促使相應類型的年金計劃在治理結構和治理機制上進行調整和協調，以適應風險控制的需要。

信託型和基金會型對計劃受益人的保護更加完善，企業年金計劃當事人自有資產與企業年金資產相分離，內控制度都是基於企業年金計劃本身所設立，特別是對於信託型企業年金來說，強調了受託人與投資管理人、帳戶管理人以及託管人之間的權力制衡，整個內控制度完全基於信託法律的要求，圍繞計劃受益人的利益運行，明確各當事人之間的責任，實現受託人對其他主體的激勵和監督。契約型企業年金計劃多由銀行或者保險公司提供，整個年金計劃是作為銀行或者保險公司的產品出現，在對年金計劃受益人利益的保護方面沒有像信託型和基金會型那樣完善，自有資產與年金計劃資產容易混淆，同時沒有專門針對年金計劃的內控機制和風險控制機制，僅僅依靠銀行和保險公司自身的內控制度進行風險控制，其治理和風險控制的績效主要取決於銀行保險行業發

展水平和銀行保險機構自身的素質。公司型企業年金計劃以公司形式出現，以內部產生的董事會作為主體，公司的內控機制以及法律和監管框架決定了年金計劃的風險控制水平。同時，與契約型企業年金計劃一樣，公司型企業年金計劃也存在自有資產與年金資產不分的問題。

4.4.2 企業年金風險控制體系和監管機制

在企業年金治理與風險控制互動的過程中，企業年金風險控制體系和監管機制的設計理念對治理和風險控制的互動有著很大的影響。按照 Vittas 的風險控制和監管理念，包括以下四種類型：公共部門集中管理和監管缺位，這是兩種極端情形，處在兩個極端之間的是嚴格限量監管模式和審慎人監管模式。

公共部門集中管理模式，負責企業年金運作的行政管理和投資等所有方面，企業年金計劃的治理和風險控制更多地體現為公共部門的治理和風險控制水平。在監管缺位的情況下則更多依靠行業自律和計劃中各實體自身治理和風險控制的能力，然而在缺乏有效監管的情況下，行業自律和各實體自律的績效會大打折扣。

審慎人監管模式是根據「審慎人原則」對企業年金進行監管，要求企業年金計劃各實體特別是投資管理人需要像對待自己的資產一樣，謹慎地為企業年金制定投資方針和決策，代表企業年金計劃受益人的利益。在審慎監管模式下，監管機構較少干預企業年金的日常經營活動，企業年金的健康發展更多地依賴於「審慎人原則」基礎上的企業年金自身的治理水平和風險控制能力。這種監管模式會對企業年金治理主體提出更高的要求，如何建立有效的內控機制，如何協調各年金參與實體間的利益關係，以及如何保證信息披露和報告制度的完善以利於外部仲介機構等獨立監管人的監督都是企業年金治理所必須關注的重要議題。可以說在審慎人監管模式下，企業年金治理在與風險控制的互動關係中佔有主導地位。

嚴格限量監管模式除了要求年金管理者達到最低的審慎人監管要求外，還對年金的治理、運作和績效等具體方面進行嚴格的限量監管。在嚴格的限量監管模式下，監管機構的獨立性強，一般都是成立專門的監管機構進行監管，監管機構有較大的權限，對企業年金基金的結構、運作方式、投資組合和投資績效等進行嚴格的限量監管。由此可知，在該模式下風險控制和監管部分所占的比重較大，企業年金和風險控制互動中風險控制起到了引導的作用。嚴格限量監管模式密切關注企業年金的日常營運，相應的也就督促企業年金建立更完善的內控機制。同時，嚴格限量模式也特別注重信息披露制度的完善，這對於企

業年金治理和風險控制的互動起到了推動的作用。

嚴格限量監管和審慎人監管都是針對自身模式對企業年金關注的方面進行管理,各有不同的側重點。這需要根據一個國家的經濟發展水平、金融體制和資本市場的成熟程度以及監管體系的完善程度來加以選擇。但是兩者有一個共同的特點,那就是兩種模式都能使得市場主體與政府監管機構的責任劃分更為清晰,而在年金計劃治理結構處理穩健的方面,監管介入的力度就可以相應小一些,反之亦然。對於像企業年金計劃投資等關鍵環節,則需要治理和監管雙管齊下,協調進行風險控制。

4.4.3 金融市場和資本市場的規模、效率和成熟度

資本市場的發展直接影響到企業年金計劃的發展。資本市場的風險使得企業年金計劃必須充分考慮計劃受益人的投資風險承受能力和承受限度,以受益人的利益為根本出發點,進一步促進企業年金治理主體完善治理和風險控制機制,創造兩者互動的條件,保證企業年金計劃資產的穩定增長。

資本市場的規模、效率和成熟度與企業年金治理與風險控制互動關係緊密,資本市場在發展的同時也促使企業年金治理與風險控制的完善。在新興資本市場發展處於初創期的時候,其資本市場的市場規模、投資工具的種類以及監管體系和能力同成熟的資本市場都存在著較大的差距,資本市場潛在的系統風險會給企業年金計劃帶來巨大的風險,可見資本市場的發展狀況對企業年金具有明顯影響。在這種情況下,不僅資本市場需要不斷完善制度構建,而且企業年金計劃本身更需要完善治理和風險控制體系,提高治理主體能力,強化內控機制,建立投資的會計和審計規則,與資本市場的發展成熟一道,享受經濟發展和制度優化帶來的豐碩成果。相對於新興資本市場來說,成熟的資本市場無論在資本規模、運行效率和風險控制上都技高一籌,能夠提供豐富的投資工具、穩定的投資收益以及完善的監管體系,有效地降低投資的系統性風險。這為企業年金投資創造了良好的條件,有利於明確治理和風險控制的方向和目標,進而為企業年金治理和風險控制創造穩定的互動環境。企業年金作為資本市場重要的機構投資者,在成熟的資本市場下,資本市場本身就要求合格的機構投資者需要建立良好的治理結構和機制,擁有完備的內控機制和風險控制體系。同時,通過定期的信息披露和報告制度保證機構投資者與資本市場監管機構之間的信息溝通,在保證資本市場與企業年金互動的同時,也促進了企業年金治理與風險控制的互動。

金融市場和資本市場的規模、效率和成熟度關係到風險水平的大小,因此

也成為考驗其市場主體治理和風險控制的水平的大考場和提升能力水平的大學堂。同時也正是通過金融市場和資本市場自身的篩選機制為企業年金治理和風險控制提供了大量合格的金融服務主體，成為企業年金計劃的投資、管理的服務者，有效地提高了年金計劃的治理和風險控制水平，有利於二者之間實現互動，以處理好企業年金營運過程中的各項事務。

4.4.4 企業年金治理及風險控制的制度環境和綜合配套制度

企業年金治理及風險控制互動目標的實現，既取決於治理結構和風險控制的制度框架和制度機制，還在相當程度上取決於外部環境、文化認同與信任基礎、行為方式、社會心理及若干綜合配套的制度改革。一個優化的制度環境對實現企業年金的安全營運及有效的風險控制，進而對實現兩者的良性互動，往往更能夠體現實施績效；而一個劣質的制度環境則可能弱化乃至誤導企業年金的安全營運，帶來制度性的風險，不利於企業年金治理與風險控制的互動。同樣，企業年金治理及風險控制內嵌於特定的制度環境，具有超越於一般技術和機制層面的制度性約束，會對企業年金治理各方的行為特徵和彼此間的博弈產生制度約束[①]。各國企業年金治理和風險控制的制度環境是正式制度與非正式制度的結合體。文化、習俗、傳統等非正式制度因素將會影響企業年金治理機制和風險控制機制的形成及運行，不同文化背景下企業年金治理結構及安全營運，有其明顯的制度性差異。相對於正式制度來說，非正式制度的路徑依賴和對正式制度的制約和影響更能體現出各國制度環境的異質性，這也是企業年金治理與風險控制互動所必須考慮的制度環境和制度約束條件。

4.5 企業年金治理與風險控制互動的績效評估

企業年金治理與風險控制互動伴隨著企業年金營運的整個過程，是企業年金營運的關鍵環節。企業年金治理與風險控制互動的績效直接關係到整個企業年金資產的安全和受益人的養老利益，因此需要對企業年金治理與風險控制互動的績效進行評估，保證企業年金始終處於平穩健康發展的軌道上。對企業年金治理和風險控制互動績效的評估可以從定性和定量兩個維度進行考量。

[①] 林義，彭雪梅，胡秋明，等．企業年金的理論與政策研究 [M]．成都：西南財經大學出版社，2006．

4.5.1 定性評估

對企業年金治理與風險控制互動進行定性評估，首先需要對參照標準進行選擇。在這裡我們引入帕累托效率和卡爾多—希克斯效率兩個標準概念。

4.5.1.1 帕累托效率

帕累托效率是指在給定約束條件下，如果不存在一種可選擇的狀態使得沒有任何人的處境變差而至少有一個人的處境變得更好。即是說，當滿足給定的約束條件後，一種資源配置的狀態已經是沒有人能夠按照自己的偏好在不損害別人的前提下變得更好，則就是達到了帕累托最優狀態。

4.5.1.2 卡爾多—希克斯效率

卡爾多—希克斯改進是指一種變革使得受益者所得利益足以補償受損者的損失，這種變革就稱為卡爾多—希克斯改進。如果一種狀態沒有了卡爾多—希克斯改進，則這種狀態稱為卡爾多—希克斯效率[①]。

企業年金治理和風險控制的互動不僅僅是兩個制度之間的相互融合，相互作用，其更多地體現在兩者如何共同促進整個企業年金計劃的發展。在既定的治理結構和治理框架下，充分發揮治理機制的作用，使得企業年金治理過程中委託人與受託人之間、受託人與年金管理機構之間協調好各自的利益關係，以受益人的利益為根本出發點，防止利益衝突，既保障了年金計劃參與人的年金權利，也使各個營運機構在規範的運作中贏得良好的聲譽和預期的收益，這顯然符合帕累托標準。企業年金的風險控制當中通過風險約束機制、風險監督機制、風險分散機制和風險補償機制引導和約束企業年金計劃管理參與各方的行為。在完善的風險控制體系下，委託代理關係中一方將很難通過違約從中獲得利益，看似好像利益受損，但是從另一個角度看，廣大企業年金計劃參與人與受益人的利益得到了保護，這同上面談到的卡爾多—希克斯效率相匹配。因此，我們再研究企業年金治理和風險控制互動績效的時候，可以從上述兩個評價標准入手，以此判斷兩者的互動是否增進了年金計劃的當事人的福利。

4.5.2 定量評估

企業年金治理與風險控制互動的績效評估主要是建立在合理的評估指標體系基礎之上。具體的評估指標的選取是企業年金治理與風險控制互動績效評估的具體手段，是績效評估內容的具體反應。為了使得最終的評估指標更加合

[①] 張維迎. 產權、激勵與公司治理 [M]. 北京：經濟科學出版社，2006.

理，必須明確企業年金和風險控制互動的目標。企業年金與風險控制的互動，其目的在於通過治理和風險控制的相互融合，優化企業年金治理結構和治理機制，提高企業年金的風險控制能力，最終保證企業年金的營運績效，確保企業年金資金的保值增值。單就企業年金治理或者風險控制一方來說，也都具有提高企業年金營運績效的功能。然而如何使兩者互動產生協同效應，產生額外的績效增長是我們關注的重點內容。因此，在企業年金治理與風險控制互動績效評估指標體系的選擇過程中，需要結合上面對傳導機制和約束條件的分析，著重關注影響兩者之間互動的指標變量。同時，指標體系所選取的指標是對企業年金治理與互動屬性和特徵的反應，而每項評估指標對互動績效的影響程度是不盡相同的。這就需要在指標選取完成後，對各項指標的權重進行設置，突出企業年金治理與風險控制在制度設計和功能作用上的交叉環節，突出企業年金治理與風險控制交互作用的結合點，突出企業年金治理與風險控制互動在約束條件上的決定因素。

5 我國企業年金治理及其風險控制的現狀分析和評價

5.1 我國企業年金治理及其風險控制的現狀

5.1.1 我國企業年金治理及其風險控制回顧

5.1.1.1 補充養老保險發展階段

在國外多層次養老保障體系不斷發展的大背景下，結合我國養老保障改革，我國從20世紀90年代初期開始建立補充養老保險制度。1991年《國務院關於企業職工養老保險制度改革的決定》（國發〔1991〕33號）明確提出了企業可以根據自身經濟條件為本企業職工建立補充養老保險制度。這是我國第一次提出建立補充養老保險的政策思路，但是在接下來的幾年，由於缺乏具體的實施措施，補充養老保險基本上還處在一個摸索階段。直到1997年《國務院關於建立統一的企業職工基本養老保險制度的決定》（國發〔1997〕26號）再一次明確了國家發展企業補充養老保險的政策導向，部分省市相應制定了補充養老發展的一些地方性辦法，開始進行制度方面的有益探索。有的省市補充養老保險與基本養老保險採用相同的管理模式，由地方社會保險經辦機構進行管理。地方社會保險經辦機構作為非營利性的事業單位，接受地方企業的委託管理企業的補充養老保險基金。同基本養老保險一樣，企業每月向地方社會保險經辦機構繳納補充養老保險費用，並由地方社會保險機構負責企業離退休人員的補充養老待遇的發放。在補充養老保險基金的管理方面，有的補充養老保險為個人建立了個人帳戶，而有的則要求補充養老保險基金必須納入財政專戶進行管理。對於基金投資方面則與基本養老保險相似，主要以銀行存款和國債為主，投資收益微乎其微。除地方社會保險機構經辦模式之外，按照

《國務院關於企業職工養老保險制度改革的決定》（國發〔1991〕33號）的規定，我國以金融、石油、電力、煤炭等為代表的行業中的大型企業開始建立自己的補充養老保險。這些依託於行業大環境和國有企業背景的補充養老保險計劃成立了專門的行業年金理事會作為經辦機構。在行業經辦模式中，原則上補充養老保險基金必須與企業的其他資金相分離，進行單獨管理。但是，現實運作中，整個基金的帳戶繳費、核算、登記和管理工作都寄託於企業內部的財務等機構，繳費累積基金一般都由企業進行投資營運，甚至直接用於企業自身的生產經營。

由此可以看出，從治理與風險控制的角度出發，補充養老保險的地方社會保險經辦模式和行業經辦模式都存在著重大的制度隱患。社會保險經辦機構作為國家機關在經營管理補充養老保險的時候兼具「裁判員」和「運動員」的雙重身分，對於帶有私人養老金性質的補充養老保險來說，容易受到地方公共權力的影響，必然會影響其市場功能的發揮。同時，由社會保險經辦機構管理補充養老保險意味著國家需要對其最終給付承擔責任，而由於缺乏專業的管理人才和有效的投資渠道，補充養老保險基金投資收益率很低，難以應對通貨膨脹風險，增加了國家的負擔。行業經辦機構中，補充養老保險基金與企業自有資金的界限模糊，企業對補充養老保險的概念界定不清，容易產生挪用補充養老保險基金進行其他活動的衝動，整個補充養老保險基金的狀態也容易受到企業經營風險和市場營運風險的影響。同時，與社會保險經辦模式一樣，在管理人才和投資渠道雙重限制的條件下，補充養老保險的投資收益率也很低。2000年行業經辦模式的補充養老保險收益率為3.2%，略高於地方社會保險經辦機構1.34%的水平，相比於同期的通貨膨脹水平來說，幾乎沒有多少實質性的基金累積[1]。總的來說，在補充養老保險發展時期，由於制度本身缺乏統一的法律規範以及完善的制度配套措施，再加上金融資本市場發展的不健全，整個補充養老保險的發展在不同地區和不同行業之間呈現出不平衡的發展狀態，有較大的風險隱患。

5.1.1.2 企業年金發展階段

2000年國務院在《關於完善城鎮社會保障體系的試點方案》（國發〔2000〕42號）中將企業補充養老保險正式更名為「企業年金」，並相對於以往政府管理和行業管理的狀況，提出了進行企業年金市場化管理的發展方向。隨著2004年《企業年金試行辦法》和《企業年金基金管理試行辦法》的頒

---

[1] 何偉. 我國企業年金：從失範走向規範之路 [N]. 上海證券報，2007-05-14.

布，我國開始建立以信託模式為基礎的企業年金制度。信託型企業年金制度以受託人為中心，設置了帳戶管理人、投資管理人和託管人進行企業年金的營運管理，整個基金運作遵循市場化的原則。2005年8月經過嚴格的篩選，第一批37家企業年金基金管理機構名單出爐，這意味著新建立的企業年金資產必須交由這些具有資格的年金管理機構進行管理。對於2004年《企業年金試行辦法》和《企業年金基金管理試行辦法》之前由社會保險經辦機構和行業經辦機構管理的補充養老保險存量資金則暫由原機構進行管理，沒有設置移交基金資產的具體時間。此時，社會保險經辦模式、行業經辦模式和信託模式三種企業年金治理結構並存，這給企業年金計劃的監管帶來了不小的風險監管成本。

上海社保大案的爆發使得由社會保險經辦機構辦理的企業年金遭受了巨大的損失，這加快了我國企業年金治理機構的規範和統一步伐。2006年原勞動與社會保障部發布了《關於進一步加強社會保險基金管理監督工作的通知》（勞社部發〔2006〕34號），該通知再次強調了新建立的企業年金計劃必須要由具備企業年金基金管理資格的機構進行管理營運，以往由社會保險經辦機構管理的企業年金計劃需要在2007年年底移交給具備資格的機構進行管理，隨后《關於做好原有企業年金移交工作的意見》（勞社部發〔2007〕12號）再次對社會保險機構經辦、行業經辦和企業自行管理的原有企業年金資金的移交時間和具體細則進行了規定。2008年年底，企業年金移交工作順利完成，其中上海企業年金發展中心管理的150億元企業年金存量資金以整體移交的方式交由長江養老保險公司進行管理，深圳市企業管理中心的20億元企業年金存量資金也整體交由平安養老保險公司和招商銀行進行營運。我國企業年金由此進入市場化營運管理階段。在信託型企業年金計劃中，內部年金理事會和外部受託機構作為企業年金計劃的受託人行使治理主體的職責，企業年金資產與企業資產、管理機構資產形成了有效分離，企業年金基金的投資渠道也逐步放開，在安全性和增值性的要求下，銀行存款與國債投資比例顯著下降，豐富了基金投資管理人的投資手段。2011年，人社部頒布了修訂后的《企業年金基金管理辦法》（人社部發〔2011〕11號），取消了國債20%最低投資比例的限制，有利於投資管理人自主選擇債券投資品種，為年金獲得高收益奠定了基礎。2011年，人社部《關於企業年金集合計劃試點有關問題的通知》（人社部發〔2011〕58號）開始推行企業年金投資產品化，相應的年金計劃產品需要受託人和特定投資管理人綁定在一個集合計劃產品中，委託人選擇投資管理人的範圍也僅限於特定集合計劃產品中。截至2014年年底，受託人共設立52只

集合計劃產品，管理資產規模720億元，2013年平均收益為3.29%、2014年為8.72%，略低於全市場平均水平。2013年，人社部、銀監會、證監會、保監會聯合發布《關於擴大企業年金基金投資範圍的通知》和《關於企業年金養老金產品有關問題的通知》(23號令和24號令)，新政的相繼出抬擴大了企業年金和養老基金產品的投資範圍，並在政策規定範圍內將投資渠道擴展至多種創新型投資產品，企業年金更深入地參與到社會經濟建設中，打通了養老金資產與優質基礎設施項目的融資渠道，不僅為企業年金資產帶來了穩健的投資收益，也為社會經濟建設做出了積極的貢獻。企業年金各類管理機構通過採取多樣化的配置結構，逐步加大了對權益類市場的配置，逐漸摸索出了一條優化投資策略、提升營運能力和降低管理成本的專業化道路，成為對國內資本市場具備較大影響力的投資力量。截至2014年年底，各家投資管理人共備案148只養老金產品，其中62只進入實際投資運作，管理資產規模達到514億元，當年平均投資收益率8.29%。2014年，人社部發布《關於企業年金基金股權和優先股投資試點的通知》（人社部發〔2014〕64號），試點企業年金投資鐵路發展基金優先股和中石化銷售公司股權。這是繼財政部和原勞動與社會保障部允許全國社會保障基金進行投資實業之後，企業年金投資範圍和投資渠道進一步擴大的又一舉措（見表5-1）。

表5-1　　　　　　　　　　我國企業年金發展的相關數據

對比指標	年份								
	2006	2007	2008	2009	2010	2011	2012	2013	2014
企業年金基金總量（億元）	910	1,519	1,911	2,533	2,809	3,570	4,821	6,035	7,689
占基本養老保險基金累計額的比重(%)	16.58	20.55	19.24	20.22	18.28	18.31	20.14	21.35	24.18
占職工工資總額的比重（%）	3.75	5.15	5.42	6.29	5.94	5.95	6.80	6.48	7.48
占GDP的比重（%）	0.42	0.57	0.60	0.73	0.69	0.74	0.90	1.03	1.21

數據來源：根據中經網相關數據整理。

5.1.2　我國信託型企業年金治理與風險控制的現狀

5.1.2.1　企業年金治理的現狀

（1）企業年金治理結構

我國企業年金採取信託型治理模式，企業年金委託人基於對受託人的信

任,將企業年金資產委託給受託人,由受託人按委託人的意願以自己的名義,為受益人的利益或者特定目的,進行企業年金資產的管理或者處分。《企業年金試行辦法》第十五條規定:「建立企業年金的企業,應當確定企業年金受託人,受託管理企業年金。受託人可以是企業成立的企業年金理事會,也可以是符合國家規定的法人受託機構。」

(2) 企業年金運作模式

我國企業年金的運作採取市場化的運作模式,參與市場運作的主體有銀行、保險公司、信託公司及基金公司等。2005 年,勞動和社會保障部公布了首批 37 家企業年金基金管理機構。緊接著,2007 年,勞動和社會保障部又公布了第二批 24 家企業年金基金管理機構。這些企業年金基金管理機構在企業年金營運管理中可以按照所持營運牌照的類型和數量,採用如下三種企業年金基金的運作模式:

全分拆式企業年金基金運作模式。該模式就是由企業年金計劃受託人將帳戶管理人、託管人和投資管理人職能全部對外委託。這種模式可以分為理事會受託全分拆模式和法人受託全分拆模式,其中理事會受託基本採用全分拆模式。採取全分拆運作模式的計劃受託人不具備帳戶管理人和投資管理人資格或者不願承擔帳戶管理人和投資管理人職責。全分拆式運作模式的優點主要體現在以下幾個方面:①計劃受託人、託管人、投資管理人、帳戶管理人之間職責分工明確,有利於實現專業化分工協作,提高基金營運效率,分散投資風險;②委託專業性投資管理人、託管人和帳戶管理人可以增加服務的競爭性,增加管理的透明度,也便於計劃受託人實施外部監督;③計劃受託人作為信託資產所有權的代表,能夠對投資管理人的投資行為形成有效約束。然而全分拆式運作模式也存在諸多缺陷。①全分拆式運作模式的委託代理鏈比較長,委託代理關係比較複雜,可能存在嚴重的信息不對稱問題;②因為所有管理職能都聘請外部管理機構,企業年金計劃受益人承擔的管理成本較高;③這種運作模式的前提條件是各相關主體必須具有完備的內部控制制度和相當程度的行業自律,並且監管機構也必須有較強的監管能力。

全捆綁式企業年金基金運作模式。該模式就是在金融集團的框架下,由集團內的企業分別承擔受託人、帳戶管理人、託管人、投資管理人職能,只有在法人受託情況下存在全捆綁模式。全捆綁式運作模式的優勢體現為計劃受託人、帳戶管理人、託管人和投資管理人集中在一個金融集團內部,委託代理鏈較短,委託代理關係比較簡單。但是也正是基於此種形式,計劃受託人職責過大、過寬,不符合專業化分工協作的發展趨勢,不利於投資效率的提高,計劃

受託人承擔的風險太大，不能分散管理者破產的風險，同時對計劃受託人的管理能力和監管能力要求較高。全捆綁式運作模式是當前企業年金發展的主流趨勢，但在我國當前的政策法規之下，許多金融機構如果實施這種模式仍然會面臨一定的法律障礙。對當前金融業實施整合，建立綜合性金融集團是全捆綁模式的經驗化發展路徑。

部分分拆式企業年金基金運作模式。該模式就是由企業年金計劃受託人將帳戶管理人或投資管理人職能之一對外委託，只有在法人受託情況下存在部分分拆式模式。在企業年金發展的初級階段和我國當前政策法規環境下，這種模式在相當長時期內將是一種比較普遍的模式（見圖5-1）。

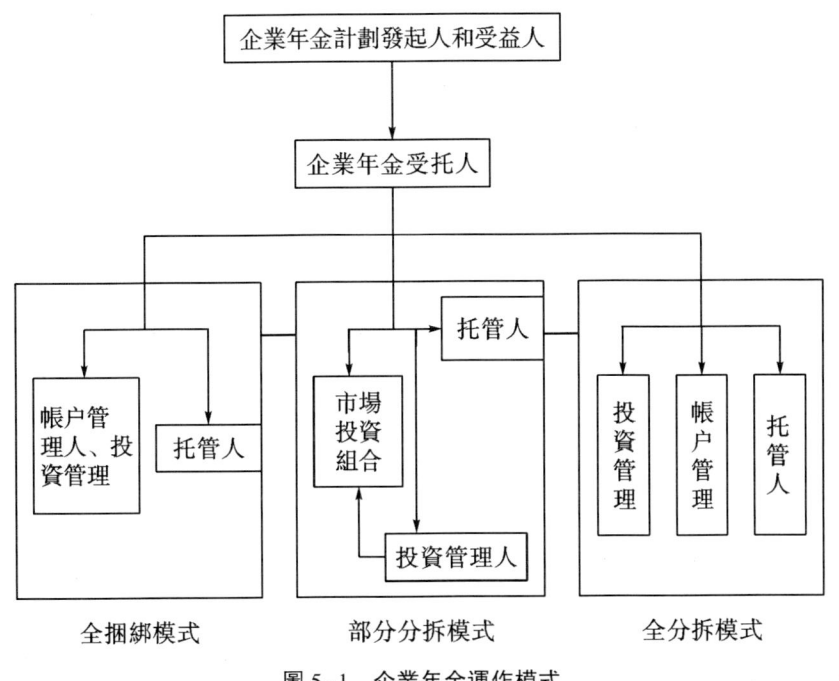

圖 5-1　企業年金運作模式

5.1.2.2　企業年金風險控制的現狀

（1）協同監管模式

我國企業年金的營運涉及銀行、保險、基金證券等多個金融領域，因此現階段我國企業年金監管主要體現為人力資源與社會保障部、銀監會、證監會和保監會的共同監管。與企業年金相關的法律法規的制定，都需要四大機構的聯合參與。同時，對於參與企業年金基金管理的各大專業機構來說，其所屬的監管機構本身就對其包括企業年金在內的各項業務進行監管，以保證金融機構運

行的安全和效率。

(2) 嚴格的企業年金投資限制

我國在企業年金的投資風險監管上採用了嚴格數量監管模式，對企業年金的投資領域進行了詳細的規定。《企業年金基金管理辦法》第四十七條規定：企業年金基金財產限於境內投資，投資範圍包括銀行存款、國債、中央銀行票據、債券回購、萬能保險產品、投資連結保險產品、證券投資基金、股票，以及信用等級在投資級以上的金融債、企業（公司）債、可轉換債（含分離交易可轉換債）、短期融資券和中期票據等金融產品。第四十八條對每項投資領域的數量和比例都做了嚴格的規定。企業年金基金財產以投資組合為單位按照公允價值計算應當符合下列規定：

第一，投資銀行活期存款、中央銀行票據、債券回購等流動性產品以及貨幣市場基金的比例，不得低於投資組合企業年金基金財產淨值的5%；清算備付金、證券清算款以及一級市場證券申購資金視為流動性資產；投資債券正回購的比例不得高於投資組合企業年金基金財產淨值的40%。

第二，投資銀行定期存款、協議存款、國債、金融債、企業（公司）債、短期融資券、中期票據、萬能保險產品等固定收益類產品以及可轉換債（含分離交易可轉換債）、債券基金、投資連結保險產品（股票投資比例不高於30%）的比例，不得高於投資組合企業年金基金財產淨值的95%。

第三，投資股票等權益類產品以及股票基金、混合基金、投資連結保險產品（股票投資比例高於或者等於30%）的比例，不得高於投資組合企業年金基金財產淨值的30%。

2013年《關於擴大企業年金基金投資範圍的通知》（人社部發〔2013〕23號），規定企業年金基金投資範圍在《企業年金基金管理辦法》第四十七條規定的金融產品之外，增加商業銀行理財產品、信託產品、基礎設施債權投資計劃、特定資產管理計劃、股指期貨，基本覆蓋了當前與市場化利率掛鉤的金融產品。該通知規定：

第一，投資銀行活期存款、中央銀行票據、一年期以內（含一年）的銀行定期存款、債券回購、貨幣市場基金、貨幣型養老金產品的比例，合計不得低於投資組合委託投資資產淨值的5%；清算備付金、證券清算款以及一級市場證券申購資金視為流動性資產。

第二，投資一年期以上的銀行定期存款、協議存款、國債、金融債、企業（公司）債、可轉換債（含分離交易可轉換債）、短期融資券、中期票據、萬能保險產品、商業銀行理財產品、信託產品、基礎設施債權投資計劃、特定資

產管理計劃、債券基金、投資連結保險產品（股票投資比例不高於30%）、固定收益型養老金產品、混合型養老金產品的比例，合計不得高於投資組合委託投資資產淨值的135%。債券正回購的資金余額在每個交易日均不得高於投資組合委託投資資產淨值的40%。

第三，投資股票、股票基金、混合基金、投資連結保險產品（股票投資比例高於30%）、股票型養老金產品的比例，合計不得高於投資組合委託投資資產淨值的30%。

第四，單個投資組合委託投資資產，投資商業銀行理財產品、信託產品、基礎設施債權投資計劃、特定資產管理計劃的比例，合計不得高於投資組合委託投資資產淨值的30%。其中，投資信託產品的比例，不得高於投資組合委託投資資產淨值的10%。投資商業銀行理財產品、信託產品、基礎設施債權投資計劃或者特定資產管理計劃的專門投資組合，可以不受此30%和10%規定的限制。專門投資組合，應當有80%以上的非現金資產投資於投資方向確定的內容。

第五，單個投資組合委託投資資產，投資於單期商業銀行理財產品、信託產品、基礎設施債權投資計劃或者特定資產管理計劃，分別不得超過該期商業銀行理財產品、信託產品、基礎設施債權投資計劃或者特定資產管理計劃資產管理規模的20%。投資商業銀行理財產品、信託產品、基礎設施債權投資計劃或者特定資產管理計劃的專門投資組合，可以不受此規定的限制。

第六，單個企業年金計劃基金資產，投資商業銀行理財產品、信託產品、基礎設施債權投資計劃、特定資產管理計劃專門投資組合的比例，合計不得高於企業年金計劃基金資產淨值的30%。其中，投資信託產品專門投資組合的比例，不得高於企業年金計劃基金資產淨值的10%。

同時，該通知也對企業年金基金可投資的商業銀行理財產品、信託產品、基礎設施債權投資計劃的發行主體進行了相應的規定了限制，僅限於以下三類：①具有「企業年金基金管理機構資格」的商業銀行、信託公司、保險資產管理公司；②金融集團公司的控股子公司具有「企業年金基金管理機構資格」，發行商業銀行理財產品、信託產品、基礎設施債權投資計劃的該金融集團公司的其他控股子公司；③發行商業銀行理財產品、信託產品、基礎設施債權投資計劃的大型企業或者其控股子公司（已經建立企業年金計劃）。該類商業銀行理財產品、信託產品、基礎設施債權投資計劃僅限於大型企業自身或者其控股子公司的企業年金計劃投資，並且投資事項應當由大型企業向人力資源社會保障部備案。

5.2　我國企業年金治理及其風險控制的評價

5.2.1　我國企業年金治理的評價

5.2.1.1　對企業年金計劃的認識還需要進一步加深

企業年金計劃發起者和基金管理者如何看待企業年金是其治理和風險過程中的首要環節。只有對企業年金制度自身運行機理有了深入的瞭解，才能清醒地認識到企業年金營運管理過程中可能涉及的各種風險。目前，仍有相當數量的企業還沒有深刻認識到企業年金作為重要的員工福利計劃和人力資本投資計劃所具有的功能，忽視了企業年金在完善企業內部治理和實現企業長期利潤中的重要功效，以及其本身所具有經濟保障與精神慰藉的作用。究其原因，除了考慮企業自身是否滿足企業年金計劃建立的硬性指標之外，缺乏合適的教育培訓體系用以促使企業管理層從多角度對包括企業年金治理及其風險控制在內的企業年金計劃進行深入瞭解也是一個重要的決定因素。另外，企業年金作為一項保障老年收入水平的重要制度，企業年金營運管理者需要進一步加深對其制度內涵的理解，從思想上強化參與企業年金治理與風險控制的意識。目前，國內的企業年金管理機構的治理與風險控制主要是借鑑國外的現有模式，忽視了在我國特有經濟社會發展環境下對企業年金基金管理者自身行為約束力的研究，降低了風險預測、風險解釋以及風險控制的能力。

5.2.1.2　理事會受託模式中受託人主體地位缺失

雖然原勞社部關於企業年金的兩大部令規定企業年金計劃受託人可以是企業成立的年金理事會，也可以是符合國家規定的法人受託機構，但是這樣簡單的規定在治理實踐上尚存在問題。例如，企業年金理事會的法律地位始終沒有明確，究竟是在民政部門還是在工商部門註冊，以及是否具有獨立的民事行為能力等問題都還有待明確和解決。以前企業年金理事會的職責都是企業的人事部門或人力資源部門代管，即使成立了一個單獨機構管理，即「中心」或「年金理事會」之類的機構，也還是企業下屬的一個行政部門，是一級行政層次而已，仍然不是具有獨立民事行為能力的「法人實體」。為此，它們在對外簽約時不得不常常使用工會的印章或別的印章。而現有企業工會的法律地位本身也是十分模糊的，如遇到合同糾紛也很難獨立承擔起相應的民事責任。這些問題不解決，企業年金的「治理主體」在法律上就造成了事實上的「缺位」

和「真空」。企業年金治理主體的缺位一旦形成，企業年金計劃也就無法建立以受託人為中心的規範治理結構。

5.2.1.3 外部法人受託模式中存在受託人「空殼化」

在企業年金營運牌照發放過程中，「全分拆」和「雙牌照」模式的共存，使得企業年金在治理結構上出現了受託人「空殼化」和缺位的情況。首先，就內部受託與外部受託二者來說，當前市場的主要矛盾集中在外部受託上；較長時期內完善外部受託制度既是需要解決的主要市場矛盾，也是企業年金市場發展的主要方向。其次，就外部受託模式的四個市場角色來說，當前主要矛盾集中在受託人身上，受託人的核心地位受到撼動，出現「空殼化」趨勢，難以承擔起信託制企業年金架構中賦予的法律責任。

當前外部法人受託模式存在的問題主要可以歸結為以下幾個方面的原因[①]：首先，權利與義務不對稱，實力與權力不相符，市場資格與實際地位不對等，商業利益與法律責任不匹配，導致生計難以維持，作用難以發揮，理論與實際脫節，理想與現實背離。如何將四對矛盾結合起來，這是當前外部受託模式的主要難題。受託人是信託型企業年金的核心概念，是企業年金的第一責任人。作為治理主體的受託人能夠對投資管理人、帳戶管理人和託管人進行任命，並進行相應的監督管理。除此之外，受託人還需要負責制定基金投資策略並作為委託人與其他基金管理機構進行溝通的渠道。在長達幾十年的受託基金資產管理中，受託人全程承擔上述服務提供商出現的任何違約或過失造成的法律責任的最終後果。然而按照《企業年金基金管理辦法》的規定，受託人提取的管理費不得高於受託管理企業年金基金資產淨值的 0.2%，這個比例僅佔企業年金管理總成本的 1.6% 左右，不能滿足受託人經營管理的需要。加之在惡性競爭中壓低收費標準，甚至象徵性收費的現象比比皆是，嚴重影響了受託人履行正常的職責，使其難以擔負起第一責任人的作用。尤其是單牌照的受託人根本就沒有足夠的積極性投入專業管理精力，導致受託人作用「空殼化」。其次，受託人數量有限，單一牌照難以生存，甚至「受託+帳戶管理」的雙牌照機構也自身難保，市場核心作用受到嚴重影響，受託人機構事實上形同虛設。最後，大多數受託人目前的市場地位虛弱，處於勉強維持狀態，推動年金市場的龍頭作用發揮得不盡如人意，甚至在一定程度上制約了年金市場的發展。除上述制度設計原因以外，似乎我國的法律文化也可能是導致受託人「空殼化」的一個環境原因。

---

① 鄭秉文. 警惕企業年金受託人「空殼化」現象 [N]. 中國證券報，2007-08-08.

5.2.2　我國企業年金風險控制的評價

5.2.2.1　企業年金協調監管體系還需要進一步加強

我國補充養老保險發展的時間不長，卻經歷了一個由以購買團體養老保險到建立信託型企業年金計劃的發展過程。在企業年金治理模式選擇論證之初，究竟採用契約模式還是信託模式，或者兩者並行成了相關政策部門，特別是原勞動與社會保障部與保監會之間的激烈辯論的問題。雖然最終我國選擇了信託型企業年金發展模式，但是兩大部門在企業年金話語權上仍然相互較勁，這在一定程度上將會影響兩大部門之間的監管協作。不僅僅是人力資源與社會保障部和保監會之間存在利益衝突，其他涉及企業年金監管的監管部門，諸如銀監會、證監會和財政部等都有各自的利益取向。與此同時，各個監管部門就權力等級來看，人力資源與社會保障部和財政部屬於中央部委，而保監會、證監會和銀監會屬於國務院直屬機構，它們各自屬於同一層次的機構。因此，各部門機構之間很難自發地調節價值取向，造成了較高的監管貼現率，增加了溝通協調的成本。在這種多部門聯合協調監管的模式下，如果處理不好部門之間的關係，則會隱含企業年金監管中部門權力和職責缺位和越位的風險。

5.2.2.2　企業年金營運主體市場准入制度還需完善

企業年金准入制度流程比較煩冗。在我國金融業分業經營、分業監管的背景下，企業年金市場准入成了一個難題。相關部門經過利益博弈後，形成了目前極具我國特色的二次准入制度。先由商業銀行和信託公司、證券公司和基金管理公司、養老保險公司和資產管理公司分別向銀監會、證監會、保監會提出申請，根據自身業務特點針對受託人、投資管理人、託管人、帳戶管理人四種業務資格提出申請，由「三會」分別對各自監管範圍內的市場主體的申請進行資格審核。人力資源與社會保障部在「三會」審核后產生的名單的基礎上進行再次的審核，確定並核發四種市場主體的資格牌照。

《企業年金基金管理機構資格認定暫行辦法》第五、六、七、八條對參與企業年金基金營運的金融機構的要求規定如下：

法人受託機構應當具備下列條件：經國家金融監管部門批准，在中國境內註冊；註冊資本不少於 1 億元人民幣，且在任何時候都維持不少於 1.5 億元人民幣的淨資產；具有完善的法人治理結構；取得企業年金基金從業資格的專職人員達到規定人數；具有符合要求的營業場所、安全防範設施和與企業年金基金受託管理業務有關的其他設施；具有完善的內部稽核監控制度和風險控制制度；近 3 年沒有重大違法違規行為；國家規定的其他條件。

帳戶管理人應當具備下列條件：經國家有關部門批准，在中國境內註冊的獨立法人；註冊資本不少於 5000 萬元人民幣；具有完善的法人治理結構；取得企業年金基金從業資格的專職人員達到規定人數；具有相應的企業年金基金帳戶管理信息系統；具有符合要求的營業場所、安全防範設施和與企業年金基金帳戶管理業務有關的其他設施；具有完善的內部稽核監控制度和風險控制制度；國家規定的其他條件。

託管人應當具備下列條件：經國家金融監管部門批准，在中國境內註冊的獨立法人；淨資產不少於 50 億元人民幣；取得企業年金基金從業資格的專職人員達到規定人數；具有保管企業年金基金財產的條件；具有安全高效的清算、交割系統；具有符合要求的營業場所、安全防範設施和與企業年金基金託管業務有關的其他設施；具有完善的內部稽核監控制度和風險控制制度；國家規定的其他條件。商業銀行擔任託管人，應當設有專門的基金託管部門。

投資管理人應當具備下列條件：經國家金融監管部門批准，在中國境內註冊，具有受託投資管理、基金管理或者資產管理資格的獨立法人；綜合類證券公司註冊資本不少於 10 億元人民幣，且在任何時候都維持不少於 10 億元人民幣的淨資產；基金管理公司、信託投資公司、保險資產管理公司或者其他專業投資機構註冊資本不少於 1 億元人民幣，且在任何時候都維持不少於 1 億元人民幣的淨資產；具有完善的法人治理結構；取得企業年金基金從業資格的專職人員達到規定人數；具有符合要求的營業場所、安全防範設施和與企業年金基金投資管理業務有關的其他設施；具有完善的內部稽核監控制度和風險控制制度；近 3 年沒有重大違法違規行為。

從《企業年金基金管理機構資格認定暫行辦法》對企業年金基金管理機構的認定標準當中我們可以看出對進入企業年金行業的門檻要求還是比較高的。但是標準當中的一些規定還比較粗泛，比如風險控制制度和內部稽核的標準等都沒有一個統一的指導性準則，這會給企業年金基金營運機構的審批帶來隨意性的風險。

5.2.2.3 我國信息披露與報告制度還不成熟

我國企業年金信息披露和報告制度主要是針對作為治理主體的受託人向委託人，投資管理人、帳戶管理人和託管人向作為治理主體的受託人，以及受託人、投資管理人、帳戶管理人作為企業年金基金管理機構向監管部門所進行信息披露與報告。我國《企業年金基金管理辦法》第七十二條至第七十五條規定受託人應當在每季度結束後 30 日內向委託人提交企業年金基金管理季度報告；並應當在年度結束後 60 日內向委託人提交企業年金基金管理和財務會計

年度報告。帳戶管理人應當在每季度結束后 15 日內向受託人提交企業年金基金帳戶管理季度報告；並應當在年度結束后 45 日內向受託人提交企業年金基金帳戶管理年度報告。託管人應當在每季度結束后 15 日內向受託人提交企業年金基金託管和財務會計季度報告；並應當在年度結束后 45 日內向受託人提交企業年金基金託管和財務會計年度報告。投資管理人應當在每季度結束后 15 日內向受託人提交經託管人確認財務管理數據的企業年金基金投資組合季度報告；並應當在年度結束后 45 日內向受託人提交經託管人確認財務管理數據的企業年金基金投資管理年度報告。此外，受託人、帳戶管理人、託管人和投資管理人應當按照規定報告企業年金基金管理情況，並對所報告內容的真實性、完整性負責。

從整體上看，我國關於企業年金計劃的信息披露要求大多屬於原則性規定，對企業年金的披露內容和披露渠道還沒有細緻的規定，特別是針對企業年金計劃中的關聯交易披露更沒有具體的規定。這容易造成企業年金營運過程中的利益衝突，誘發關聯交易風險，損害計劃受益人的利益。此外，對於企業年金計劃中重要的會計信息的披露內容還不規範，缺乏對計劃強制性信息披露內容的規定，企業缺乏自願披露的動機，披露的內容也不盡相同，加重了信息不對稱和侵犯了企業年金計劃參與人與受益人年金信息的知情權。

5.2.2.4 企業年金風險補償機制單一

《企業年金基金管理辦法》第六十條和第六十二條規定：投資管理人從當期收取的管理費中，提取 20%作為企業年金基金投資管理風險準備金，專項用於彌補企業年金基金投資虧損。企業年金基金投資管理風險準備金在託管銀行專戶存儲，余額達到投資管理企業年金基金財產淨值的 10%時可不再提取。可以看出，我國企業年金在風險補償上主要依靠風險準備金一項，而國外除了通過盈餘準備金和自由資金彌補企業年金營運虧損之外，還通過建立保險保障制度，運用保險機制保證年金資產的安全性。由此可見，我國企業年金風險補償機制還很薄弱。

案例分析：

2006 年上海社保案震驚社會，原上海市勞動和社會保障局局長祝均一擅自挪用侵占巨額社保基金，涉案金額高達上百億人民幣，在這其中也包含了企業年金。上海社保局下屬的企業年金發展中心先后違規將 34.5 億元的資金通過委託資金營運的方式拆借給福禧投資及其股東沸點投資，用於收購高速公路等資產，挪用的金額占到了當年上海企業年金總資金的 1/3。

上海社保案是在 2004 年我國正式建立企業年金制度以來所發生的最大規模的企業年金違規營運事件，其原因值得我們深思。該案件中所涉及的企業年金基金是 2004 年以前補充養老保險的存量資金。在 2004 年原勞社部有關企業年金的兩大部令頒布以后，政府在新的企業年金制度與舊有補充養老保險制度銜接上沒有及時制定相關過渡政策以及規定相應的時刻表，這使得原有的補充養老保險存量資金暴露在風險之中。可見，政府缺位是造成上海社保案發生的一個主要原因。除此之外，從治理與風險控制的角度來看，上海社保案的發生更加具有必然性。上海的企業年金資金由企業年金發展中心進行營運管理，屬於典型的經辦模式。經辦模式的弊端在於企業年金資產與地方公共權力之間沒有實現有效隔離，企業年金資產的營運管理會受到地方政府的因素影響，帶有地方行政保護及其附屬物的色彩，難以形成有效的治理結構[①]。這會造成作為治理主體的企業年金發展中心存在責任不清、權責不明的問題，無法建立起行之有效的內部控制機制，無法對企業年金營運過程進行及時的內部監管。同樣，企業年金發展中心作為社保局的下屬單位，既是企業年金的管理機構，又是企業年金的監管機構。這種「裁判員」與「運動員」身分不分的情況使得企業年金外部監管也形同虛設，這為企業年金資產被侵占挪用大開了方便之門，提供了反向的激勵措施。(依據相關報導、文獻進行的綜合分析)

[①] 鄭秉文. 我國企業年金的治理危機及其出路——以上海社保案為例 [J]. 中國人口科學，2006 (6).

6 我國企業年金治理及其風險控制的影響因素分析

6.1 我國企業年金治理及其風險控制的外部環境因素分析

6.1.1 我國企業年金治理及其風險控制中政府與市場機制的關聯分析

企業年金最初是由雇主在考慮員工福利的基礎上自願建立起來的補充養老保險制度。經過制度變遷和制度發展，企業年金逐步演化為政府、企業和個人在養老保障方面的準公共性產品。在企業年金制度建立、治理、監管過程中除了需要發揮政府、企業和個人的共同作用之外，也必須處理好三者的責任分擔關係。在我國經濟轉型過程當中，三者之間在責任分擔上的矛盾將長期存在。如何處理好三者之間的關係關係到企業年金治理機制和對應風險控制方式的選擇，關係到能否促進三者之間矛盾的緩和與社會的穩定。為此，研究企業年金治理機制及其風險控制方面的問題，可以首先從政府、企業、個人分配關係的角度出發進行探討。

6.1.1.1 政府、企業和個人的責任分擔

在全球老齡化的背景下，構建多層次的養老保障體系已成為世界各國解決老年社會保障問題的共識。多層次養老保障體系的核心就是要擺脫西方福利社會中由國家大包大攬解決養老保障問題的困境，形成社會化的養老保障模式，由政府、企業和個人共同參與，減少政府財政收入對養老保障的支出，鼓勵建立多種形式的私人養老金計劃，更好地滿足不同階層對養老保障的需求。政府、企業和個人共同參與到養老保障體系當中，就存在著三者對養老保障責任的分擔問題。企業年金作為多層次養老保障體系的重要組成部分，是體現一個國家收入分配政策理念中作為「延遲收入」的特殊制度安排。企業年金制度

同時又是企業與職工集體協商的養老保障安排。因此，在企業年金治理過程中首先必須處理好政府、企業和個人在企業年金計劃中的關係和責任分擔問題。

從政府的角度來說，政府的主要職責是明確職業年金的基本政策，制定職業年金的實施辦法、經辦機構資格認定標準和資格認定辦法、基金監管辦法和財務會計制度等。微觀經濟學認為：在一個不完全市場中，廠商的貼現率高於社會貼現率，其短視行為的內生性會導致其個別決策不同程度地背離社會長期發展目標。這需要政府進行引導和干預，使廠商的貼現率逼近社會貼現率。如果企業沒有認識到企業年金在養老保障和企業人力資源管理方面的作用，而對企業年金建設缺乏積極性，即使建立了企業年金制度也會對所負責任存在懈怠傾向，從而產生上述的貼現率背離的狀況。可以看出，企業年金作為多支柱的養老保障體系的重要組成部分，與一般的個人商業養老保險不同，它是介於國家基本養老保險與個人商業保險之間的養老保險制度，其建立、運作和管理離不開政府的倡導、支持和監管。政府提供稅收優惠政策，強化政府責任的核心主要體現在國家稅收優惠政策的扶持上，政府應該遵循國際慣例，在職業年金基金徵繳領域制定與基本養老保險相對應的稅收優惠政策。

從企業的角度來說，作為第二層次的補充養老保險，企業年金是由企業和個人在自願的條件下，共同繳費的補充養老保險。企業繳費作為員工福利制度的重要組成部分成為企業責任的重要體現。在企業對年金帳戶的繳費當中，一部分可以看成是企業對職工工資的延遲支付，這是職工本該獲得的合法權收益，在雇員流動時應當獲得該部分的既得受益權；另一部分則可以看成是對職工的激勵性員工福利，用以優化人力資源管理政策，留住優秀的技術管理人才。企業在年金計劃中的另一項重要責任則表現為其作為年金計劃委託人的代表，對企業年金計劃行使委託人的權利和義務。企業職工在養老保障上具有共同的利益訴求，作為計劃參與者的一方，單獨的企業職工在行使委託人權利的時候勢單力薄，需要企業作為其代表，增加在信託關係和委託代理關係中的話語權。因此，理事會受託模式中的年金理事會和外部受託模式中的年金委員會所涉選舉、營運和監督等權利行使都必須體現出全體企業職工的意願和利益。

從企業職工的角度來說，企業年金是除了基本養老保險之外，支撐其老年生活的主要經濟來源，關乎其老年生活的安全和質量。作為延遲工資收入的企業年金也是職工正常勞動報酬的給付，基於自身利益考慮，企業職工對於企業年金計劃具有天然的責任參與性。

6.1.1.2 政府與市場機制之間的關聯分析

政府和市場之間的關係是經濟學領域一個永恆的話題，對其認識也隨著時

代的更新不斷變化。新古典經濟學將市場機制作為不存在外部性的條件下資源配置最合適的方式，而將政府看成是存在外部性的條件下彌補市場失靈的方式。公共選擇理論認為市場和政府是針對不同領域為了實現集體行動一致同意而採取的不同手段。新制度經濟學則從交易費用的角度將市場和政府看成是兩種不同的治理結構。從養老制度的發展歷史來看，福利國家到社會化保險機制的發展過程也就是政府包干到政府與市場共同發揮作用的過程。與公共養老金相區別，帶有私人養老金性質的企業年金計劃更需要將政府機制與市場機制結合起來。然而正如因曼（Inman 1987）所提到的，無論是市場機制還是政府機制都不能代表配置社會資源的無可非議的方式，每種機制都有其自身的優點和缺點。從交易費用經濟學的角度來說，政府和市場作為兩種治理結構，其作用發揮需要遵循特定交易範圍，否則在資源配置中將可能產生較大的交易費用。如何才能適時適度地利用好兩種治理結構則是處理好政府與市場的邊界問題，即是說確定政府與市場的職能範圍。

(1) 企業年金的兩重屬性

企業年金具有的社會屬性和金融屬性是企業年金計劃營運中處理政府和市場關係的基礎。企業年金作為多層次養老保障體系中第二層次補充養老保險的重要組成部分，從社會保障立足於老年生活和社會穩定的角度來看，具有抵禦老年風險，確保老年安全的作用，具有其社會屬性，而化解經濟和社會矛盾、維護經濟與社會穩定恰恰又是政府的基本職能。因此，政府在企業年金計劃的發展中對其制度設計和安全營運有著非常嚴格的要求。政府通過企業年金的相關監管機構對企業年金制度框架進行設計，培養和選擇合適的企業年金營運主體參與計劃運行，確保企業年金基金到期的足額給付。在我國信託型企業年金發展模式下，企業年金基金都交由合規的市場主體進行託管、投資和帳戶管理。這從形式上和金融領域的一般開放型基金以及商業養老保險的運行機制相類似。這就決定了企業年金計劃的營運，特別是基金投資環節需要完善的金融市場和合格的金融機構作為基礎。與此同時，企業年金基金自身的累積過程也會反過來影響資本市場的發展。這就體現為企業年金市場與資本市場之間的互動，由此可以看出企業年金具有金融屬性。在探討企業年金的社會屬性和金融屬性的同時，也就逐步明確了企業年金中政府與市場的關聯問題。從宏觀角度來看，企業年金的社會屬性歸納起來就是在老齡化危機到來的時候，企業年金如何才能發揮其補充養老保險的作用。這就直接涉及企業年金計劃的安全性問題，政府在其中扮演了制度設計者和維護者的角色。從微觀角度來看，企業年金基金要滿足老年的養老保障需求就必須通過資本市場投資進行保值增值，金

融資本市場則扮演了制度實現者的角色。

(2) 政府與市場邊界選擇：政府主導還是政府參與

企業年金的市場化營運已經是國際通行的指導性原則。市場能夠通過其價格機制、供求機制、競爭機制和風險機制等功能的發揮，實現企業年金計劃的社會目標和個人目標。這將會避免政府在企業年金營運上天然的低效率，提高企業年金的營運效率和投資績效。然而，儘管市場機制在企業年金營運中扮演著如此重要的作用，政府對企業年金營運的指導、扶持、規範和監督作用卻是不可缺失的。政府應充當企業年金計劃制度設計者和制度監管者的角色，防止政府在企業年金計劃中錯位、越位和缺位。從管制經濟學的角度出發，政府可能會受到自身利益目標的影響對企業年金制度採取管制措施，以期從管制當中獲得更多的利益。這會逐步使得政府的干預超過彌補市場失靈的範圍，導致政府角色的越位和錯位。政府還有可能對與自身利益相衝突的部分放鬆管制或者規避管制，這會使得政府喪失本來應當彌補市場機制缺陷的作用，導致政府角色的缺位。

總結我國企業年金治理和風險控制發展的經驗教訓，政府主導的經辦模式曾經給企業年金整個發展帶來了巨大的負面效應。上海社保案的發生充分暴露了政府主導在企業年金發展過程中的不足。因此，在現有的企業年金信託模式下，政府不應當直接參與企業年金的營運，而是作為企業年金計劃這種經濟行為的第三方身分出現，主要負責建立起一個整體的企業年金治理和風險控制的管理框架，通過法律法規的限制來處理年金市場中的信息不對稱問題，同時促進企業年金市場，以及相關的金融市場和資本市場的發展，為企業年金的發展提供合格的主體和理想的投資渠道，並建立起政府參與的多方協調機制，強化政府對企業年金計劃的監督和管理。

6.1.2 我國企業年金治理及其風險控制的相關配套制度

6.1.2.1 激勵和分配機制

企業年金作為企業員工退休收入計劃的重要組成部分，既是企業職工延期工資的體現，也是企業職工薪酬管理和利益分配的重要手段。因此，企業年金的治理和風險控制應當從企業年金激勵和分配機制的角度探討制度環境的建設問題。企業年金的治理和風險控制中十分重視受託人管理和受益人利益保護問題。在我國採用信託型企業年金發展模式的背景下，企業年金計劃發起人和職工對受託人的監督和約束作用是保障其老年年金給付的必要條件。這涉及兩方面的問題，一是如何調動企業和個人對參與企業年金治理和風險控制的積極

性；另一方面，企業和個人如何才能真正在企業年金治理和風險控制過程中發揮其作用。

6.1.2.2 法律制度

如何構建適合本國國情的企業年金治理結構，厘清企業年金計劃營運當中複雜的委託代理關係，如何構建企業年金的風險控制體系，保證企業年金基金資產的安全性和增值性，取決於企業年金的正規制度安排和非正規制度安排之間同向發展的顯性和隱性約束。法律制度作為正式制度中最主要的表現形式，在企業年金治理和風險控制中發揮著關鍵性的作用。企業年金市場化的營運方式以法律制度作為基礎，依法行事，防止了政府對年金計劃的隨意干預，同時以產權界定以及法律規定約束企業年金當事人的經濟行為，維護整個企業年金市場的秩序。

6.1.2.3 文化認同

喬納森·弗里德曼認為文化認同總是產生在特定的社會歷史情景中，要說明認同實踐和歷史結構的本質特徵，就有必要說明產生這些情景的過程[①]。這說明文化認同是基於特定的地理和人文環境，經過長期的歷史過程對某種文化產生的共同信仰和情感。同樣，在動態發展的社會變革中，文化認同不是對過去的緬懷，而是對現在的定位和對未來的想像。文化認同不僅僅包括了對傳統文化的揚棄，而且吸納了現代文化的衝擊，這是文化認同的傳承性和發展性。

在企業年金治理和風險控制中，文化認同是作為非正式制度的一個潛在約束之一。相對於我國傳統以家庭或者家族為核心的養老文化來說，現代的養老保障體系是在改革開放之後逐步建立起來的。同樣，企業年金制度真正建立也要追溯到2004年原勞社部關於企業年金的兩大部令頒布之後。養老保障具體採用何種模式和類型只是表象問題，關鍵點在於其背後的文化因素對我國包括企業年金制度在內的養老保障體系的影響，如何實現制度與文化的協調融合發展是最終能否有效發揮「拿來主義」的核心所在。

6.1.2.4 信任機制

企業年金計劃的營運管理是計劃營運主體有效協調支配企業年金資源，以滿足企業年金發展目標的過程。在整個過程中，最終企業年金目標的實現離不開各個當事人的共同行為。這就涉及不同當事人之間的授權、執行和溝通的問題，而這些都與信任機制有關。

信任可以理解為當事人之間對於相互合作的信心，其主要來源於社會信

[①] 喬納森·弗里德曼. 文化認同與全球性過程 [J]. 郭建如，譯. 北京：商務印書館，2003.

用、道德規範以及在具體交易中基於個人特徵之上的信心。每個當事人都會按照人際關係對信任進行分類，並在長期關係或交易中動態地記錄和進行信任管理。顯然，從成本收益的角度來說，穩定的信任機制能夠減少當事人之間的交易成本，有利於雙方形成長期的合作關係，提高經濟行為的效率，有助於行為目標的實現。信託型企業年金以信託制度為基礎，信託制度的核心是委託人和受託人之間有著足夠的信任關係，委託人相信受託人能夠以受益人的利益為己任，履行信託責任。在受託人將企業年金營運功能性業務交由專業的金融機構進行管理的時候，委託代理關係也是建立在相互信任的基礎之上的。這些都會在企業年金治理與風險控制中形成長期穩定的氛圍和行為習慣以及價值判斷標準。

6.2 影響我國企業年金治理的核心要素

企業年金治理框架和治理機制的設計和實施都是以「人」的行為模式為基礎，而「人」的行為模式會受到正式制度和非正式制度的影響，進而影響企業年金治理功能的發揮。因此，我們把企業年金當中的「人」的因素作為影響我國企業年金治理的核心要素。這就必須要妥善處理好企業年金計劃中當事人之間的關係，通過一系列激勵約束機制和合約安排，建立年金管理當事人之間有效的相互制衡機制，使各當事人在保障受益人利益最大化的同時，能夠追求並實現自身利益長期化和最大化。如前所述，我國企業年金計劃中的「人」分為企業年金委託人、企業年金受託人、投資管理人、帳戶管理人、託管人。在信託模式下，企業年金基金可以委託給企業年金理事會或者外部法人受託機構進行市場化的管理和營運。作為受託人的企業年金理事會和法人受託機構對帳戶管理人、投資管理人和託管人有選擇、監督和更換的權利。

6.2.1 委託人

企業年金委託人與受託人之間通過簽訂企業年金信託合同，對計劃資產受託人進行市場化管理。在信託合同中，委託人通過約束機制、激勵機制和監督機制的實施，促使受託人按照計劃受益人的利益行使企業年金計劃的管理職責，並對其他第三方基金管理機構的行為進行監督。另外，信託合同中規定了企業年金資產與委託人以及受託人的資產相分離，保證了基金資產的完整性和獨立性，防止委託人與受託人的破產風險。因此，可以說委託人與受託人之間

訂立的信託合同是整個企業年金基金營運管理權利和義務的表現，將直接影響到受託人與其他基金管理人委託代理關係的確定。

6.2.2 受託人

在理事會受託模式下，年金理事會作為治理主體處於信託管理的核心地位。年金理事會由於受自身專業素質的限制，將基金投資、帳戶管理和託管業務交由其他基金管理機構進行管理，其主要行使的是作為治理主體的監督管理職責。在外部受託模式下，年金計劃治理主體是外部受託機構，除了基金託管之外，外部受託機構可以兼任投資管理人和帳戶管理人，並對委託人承擔受託責任。

6.2.3 其他基金管理當事人

企業年金計劃的安全性決定了計劃的風險敏感性，因而作為基金管理的當事人應當以企業年金營運中的風險特徵為導向，從組織管理、運行程序和環境監控等方面進行機構的內部治理建設。

第一，投資管理人應當依據企業年金法律規定建立嚴格的內部控制管理體系和流程，確保投資行為符合企業年金投資的相關規定，減少基金的投資風險和操作風險，確保企業年金受益人的利益不受侵犯，實現計劃規定的投資管理目標。

第二，帳戶管理人需要建立帳戶授權控制系統、防火牆制度等內控機制確保企業年金帳戶管理的安全，準確記錄企業年金營運過程中的帳戶信息數據，並對信息進行妥善保管，為企業和個人的帳戶信息需求提供服務。

第三，託管人的主要職責是保證企業年金託管資產的完整性，防範和化解經營風險，確保企業年金託管業務安全有效運行。同時，與受託人一道，對其他的基金管理機構進行監督。

6.2.4 企業年金基金管理機構之間的權利制衡是保證企業年金平穩運行的基礎

受託人基於信託義務，代表著計劃受益人的利益，同時受託人還作為委託人與其他基金管理機構建立了委託代理關係，更應當對這些機構實施監督和管理。對於投資管理人、帳戶管理人與託管人則分別行使計劃賦予其自身的職責，相互監督、相互制衡，進行有效的風險控制，保證企業年金在專業化管理中保值增值。投資管理人、帳戶管理人不直接接觸和運用資金，只是進行相應

的投資和帳戶管理指令，而託管人則根據投資管理人和帳戶管理人的要求進行年金資金的交割，但是沒有使用和調動資金的權利。這在一定程度上實現了年金資金運作和資金託管相分離，有效地防止了計劃制度風險的產生。

6.3 我國企業年金治理結構的風險源和風險鏈分析

我國企業年金採用信託模式，其風險源和風險鏈條主要體現在企業年金計劃中委託代理關係之中。企業年金計劃發起人和參與人作為企業年金計劃的委託人將企業年金基金委託給企業年金受託人進行管理，兩者之間構成信託關係。企業年金受託人作為企業年金的治理主體，對企業年金委託人的資產管理負有最終的法定責任，並且按照實際情況的不同將企業年金營運的其他功能交給投資管理人、帳戶管理人和託管人分擔並分別進行管理，企業年金受託人與投資管理人、帳戶管理人和託管人之間構成委託代理關係。

在第一層的信託關係中，企業年金計劃的委託人和受託人之間由於信息不對稱的關係將出現道德風險和逆向選擇。企業年金計劃的受託人對自身經營企業年金計劃的能力和效率的信息比較清晰，相對於委託人來說處於信息優勢的地位。受託人自身對信息具有粉飾和隱瞞的動機。同樣，對於處於信息弱勢地位的委託人來說，由於考慮到受託人可能存在上述行為，必然會對受託人提出更多的要求，使其承擔更多的責任，避免自身遭受風險。這勢必會加重企業年金計劃受託人的經營成本，影響受託人在企業年金市場中的競爭力，造成劣幣驅逐良幣的局面。在委託人已經選擇了企業年金受託人之後，委託人將企業年金的財產控制權完全交由受託人進行支配和處理。受託人同樣可以利用自身信息的優勢地位，避開委託人的監督，從事超出信託關係和職能之外的經濟活動，損害委託人的利益。而在企業年金計劃營運過程中，按照《企業年金基金管理辦法》的規定，企業年金計劃的受託人、投資管理人、帳戶管理人和託管人的收益主要以企業年金基金財產淨值為基數，在信息不對稱的情況下，上述營運主體很可能會盲目的追求基金淨值的最大化，而忽略了基金的風險控制。再加上最終的財產損失不由各個營運主體承擔，權利和責任的不對等更可能引起道德風險的發生。

在第二層委託代理關係中，企業年金受託人作為企業年金計劃的治理主體，將依照信託契約的規定代表委託人的利益經營管理企業年金基金，指定帳戶管理人、投資管理人和託管人逐一實現企業年金營運中的各項職能。與第一

層信託關係的分析一樣，由於信息不對稱的存在，企業年金受託人對帳戶管理人、投資管理人和託管人的監督指導過程中也會存在道德風險和逆向選擇的問題。當企業年金受託人僅僅只承擔受託責任的時候，其主要是對企業年金計劃的宏觀經營策略進行管理，而具體的企業年金基金投資營運則主要交由投資管理人進行處理，受託人對企業年金投資實踐中資產組合和風險分佈情況不甚瞭解，同樣會激發出受託人的逆向選擇行為。同樣，即使受託人完全按照信託契約的規定對企業年金基金行使受託權利，也有可能由於自身信息和專業方面的缺失，使其難以承擔起應有的法律責任（見圖6-1）。

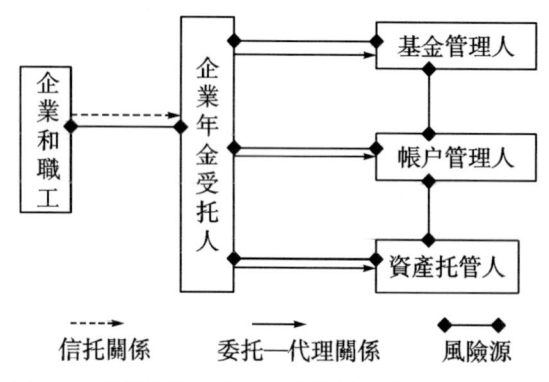

圖6-1　我國企業年金治理結構的風險源與風險鏈條

6.4　我國企業年金治理及風險控制中利益相關者的行為分析

6.4.1　金融行為分析理論

6.4.1.1　前景理論

1979年 Kahneman 和 Amos Tversky 提出的前景理論是在心理實驗法的基礎上總結出人們在做出判斷的時候，由於受到外界不確定因素的影響，將會存在決策的系統性偏差，價值函數將取代期望效用函數作為人們效用的度量工具。[①] 這是與傳統經濟學理論所認為的隨機偏差所不同的新觀點。前景理論主要由三大效應組成，分別是確定效用、反射效應和分類效應。這三大效應都是

[①] Daniel Kahneman, Amos Tversky. Prospect theory: an analysis of decision under risk [J]. Econometrica (pre-1986), ABI/INFORM Global, Mar 1979.

建立在價值函數的特徵之上。價值函數認為人們的偏好不是按照絕對量進行度量，而是由偏離參照點的位置所決定的。S形的價值函數曲線表明人們的決策在獲利的情況下趨向於保守，而在虧損的情況下則趨向於冒險。那麼確定效應則是對於不確定的結果，即使獲利的概率更大，人們也更願意獲得確定的盈利，表現為在獲利情況下的風險厭惡；反射效應是指人們在面對損失時的決策與獲利時相反，存在明顯的差異，表現為風險偏好；分離效益則是指將事情按不同方式劃分的各個階段也會對人們的決策產生影響，最突出的表現形式則是行為「短視」現象。

6.4.1.2 后悔理論

貝爾（1982）將后悔描述為一件給定事件的結果或狀態與將要選擇的狀態進行比較所產生的情緒[①]。當所作選擇未能達到預期結果或結果劣於其他選擇時，做出錯誤決策的后悔心理伴隨而生。因此即使決策結果相同，如果某種決策方式可以減少后悔，對於投資者來說，這種決策方式依然優於其他決策方式。由於人們在投資判斷和決策上經常容易出現錯誤並在錯誤發生後通常感到非常難過和悲哀。為了避免后悔心態的出現，投資者在投資過程中經常會表現出一種優柔寡斷和從眾的性格特點。

6.4.1.3 過度反應理論

過度反應理論說明了市場總是會出現過度反應的現象，該理論是西方投資心理學的重要理論之一。人們由於如從眾心理（Herd Mentality）、人類非理性的情緒狀態以及由此產生的認知偏差等一系列情緒、認知和心理因素，在投資過程中表現出加強的投資心理，從而導致市場的過度反應[②]。具體來說，當市場持續上漲時，因為實際操作產生了盈利，其成功的投資行為增強樂觀情緒狀態，造成在信息加工上出現選擇性認知偏差，投資者會對利空消息麻木而傾向對利好消息過於敏感；當市場持續下跌時，情況剛好相反。因而市場也就形成了所謂的過度反應現象。

6.4.1.4 過度自信理論

Gervaris、Heaton和Odean（2002）將過度自信定義為對自己的信息賦予的權重大於事實上的權重。簡單地說，就是認為自己知識的準確性比事實中的程度更高的一種信念。人類傾向於從無序尤其是從一大堆隨機的經濟數據中，推出所謂的規律。關於主觀概率測度的研究也發現確實存在過度估計自身知識準

---

① Bell D. E. Regret in decision making under uncertainty [J]. Operations Research, 30, 1982.
② Thaler R H. Advances in behavioral finance [M]. New York: Russell Sage Foundation, 1993.

確性的情況。Amos Tversky 認為許多事件的發生完全是由於運氣和偶然因素的結果，而人類有一種從一些數據的表面特徵，直覺推斷出其內在的規律性，即所說的表徵直覺推理（Representative Heuristic）特點，並由此產生認知和判斷上的偏差（Biases of Cognition and Judgment）。投資者將偶然的成功歸因於自己操作的技巧，將失敗的投資操作歸因於外界無法控制的因素，這種歸因偏好也在一定程度上加重了認知偏差，從而產生了過度自信（Overconfidence）的心理現象[1]。投資者趨向於認為自己的決定是在根據優勢的信息基礎上所進行的理性操作，而別人的投資決策都是非理性。但事實並非如此，Daniel Kadmeman 認為過度自信來源於投資者對概率事件的錯誤估計，這是過度自信產生的一個主要原因。通常，過度自信者對於小概率事件發生的可能性會產生過高的估計，認為其總是可能發生的，這也是各種博彩行為的心理依據；對於中等偏高程度的概率性事件易產生過低的估計；對於90%以上的概率性事件則認為肯定會發生。此外，產生過度自信的另一個重要原因是參加投資活動會讓投資者產生一種控制錯覺（Illusion of Control）[2]。

6.4.2 企業年金計劃委託人的行為分析

企業年金計劃中委託人將企業年金資產交由專業的企業年金營運機構進行管理，計劃委託人的行為方式將受到多重因素的影響，這對於企業年金的治理和風險控制將產生極為重要的影響。其中，影響計劃委託人行為方式的約束條件包括：委託人的認知水平和勤勉程度。委託人的認知水平主要是指企業年金計劃委託人對所參與企業年金計劃的各方面的知曉和理解程度。對於委託人來說，企業年金計劃涉及計劃選擇、投資選擇以及計劃監督等多個方面，這就要求企業年金計劃委託人對企業年金計劃有充分的瞭解。如何選擇適合自身的企業年金計劃？如何選擇合理的企業年金計劃受託人？如何做出適應自身風險偏好的投資選擇？如何通過外部監管機構實現對企業年金計劃的監督？這些都是企業年金計劃委託人所要面臨的問題。

企業年金計劃委託人的勤勉程度主要是指企業年金計劃委託人對企業年金計劃的態度，也就是對企業年金計劃的重視程度。一般來說，企業年金計劃會涉及眾多的計劃參與者。對於單個計劃參與者來說，逐一熟悉和研究企業年金計劃並做出各種選擇的成本，相對於跟隨其他計劃參與者行動的成本來說，顯

---

[1] Peterson D, Pitz G. Confidence, uncertainty, and the use of information [J]. Journal of Experimental Psychology, 1988.

[2] Langer E J. The illusion of control [J]. Journal of Personality and Social Psychology, 1975.

然后者更小。出於成本衡量的考慮，計劃參與者往往都會做出彼此類似的企業年金計劃選擇。然而絕大部分人群做出的選擇並非是最優選擇，特別是在信息不對稱的條件下，做出適應絕大多數個體的正確選擇則更加困難。這也可以從后悔理論的分析當中得出同樣的結果。即使計劃委託人擁有足夠的勤勉程度，但是受其知識結構的影響，對企業年金計劃不能像專家一樣擁有足夠的信息儲備，其在進行企業年金計劃相關決策的過程中，由於害怕自己的「不成熟」的選擇會給自己帶來不利的影響，往往會觀察身邊個體的決策選擇，尋求一種心理的自我安慰，減輕后悔心理，這在結果上則體現為從眾效應。

企業年金的最終累積額主要來自企業年金繳費以及累積的投資收益。因而計劃參與者都十分關注基金的投資收益水平。儘管我國現階段還沒有規定委託人的投資選擇權，但是實務操作中，委託人在訂立企業年金計劃之初對計劃的投資策略制定還是具有一定的話語權。由於個體年齡結構不同，風險偏好也不一樣，因此不同個體對企業年金投資營運的選擇偏好也有所不同。相對於理性人假設來說，前景理論強調指出個體偏好依照其在價值函數曲線上的不同位置而發生質變和量變，可以說個體偏好也存在於一個相對不穩定的狀態當中，偏好的非線性變化以及反轉效應都會對委託人的投資策略帶來影響。

6.4.3 專業機構和管理者的行為分析

縱觀世界各國企業年金的發展路徑，我們可以看出，無論採用哪種企業年金治理結構，委託專業機構對企業年金計劃進行管理已經成為各國的共識。各個專業機構在利用自身專業化技能為企業年金發展提供全方位的服務的同時，在企業年金治理和風險控制環節也會出現一些問題，並受到有限理性的制約。

企業年金治理和風險控制受到的有限理性制約突出的表現在企業年金基金管理的各個方面。行為金融學認為作為現實社會中的「經濟人」會受到不同偏好和價值觀的影響，社會文化習俗、道德觀念以及個人自身心理等因素都會左右一個人的行為方式。因而企業年金治理和風險控制的各項管理決策就可能表現出較大程度的不確定性。人類理性和非理性並非簡單的二分法，他們之間存在著非常密切的聯繫，處於一個對立統一的體系當中，而有限理性恰恰表現了兩者之間的現實過渡。在有限理性的假設前提下，企業年金治理和風險控制的主體的決策心理和行為必然會受到多方面、多因素的影響。特別是在企業年金的投資決策方面，投資管理人的機會主義會導致企業年金計劃營運中出現逆向選擇與道德風險，引起決策行為的偏差。既然在此我們以有限理性為基礎，那麼將效用函數轉換為價值函數用以衡量人們的效用水平則水到渠成。在運用

前景理論對專業機構和管理者的行為進行分析的時候，我們更加注重在損失情況下所表現出來的風險偏好。這不僅與企業年金基金投資的理念相違背，同時也會造成損失的惡性循環。在基金資產投資過程當中，過度反應與過度自信可以看成是個體對外部刺激所產生的非理性、非正常的極端反應的表現形式。從過度反應角度來看，當企業年金投資管理人過度反應時，則往往意味著年金資產總額的劇烈波動。從過度自信角度來看，當企業年金投資管理人過度自信時，其資產組合沒有完全分散化，集中的資產組合會降低其期望效用。如果信息是有成本的，過度自信的投資管理人會花費更大的成本去成為知情者，同時進行更頻繁的交易，由於交易費用的存在，過多的交易會降低其淨收益，因此我們認為過度自信會影響投資管理人的投資收益。企業年金作為資本市場當中的機構投資者，其長期性、穩定性和增值性的投資策略不允許在投資行為中出現過度反應與過度自信的情況。然而基於以上的分析論述可以看出，這種情況在現實環境中是難以完全規避的。

7 我國企業年金治理及其風險控制的政策研究

7.1 構建我國企業年金治理與風險控制的長效機制

7.1.1 完善我國企業年金治理結構和治理機制

7.1.1.1 與多層次養老保障體系改革相結合，探索適合我國企業年金的治理結構

（1）信託模式的優化

既然選擇了信託模式，則需要在完善我國信託立法的基礎上，在信託型企業年金治理結構中，逐步引入英美信託中的「信賴義務」。《布萊克法律辭典》將信賴義務定義為「為他人利益將個人利益置於他人利益控制之下的義務」。這是法律所規定的最高標準的義務。信賴義務可以劃分為忠實義務和注意義務。忠實義務（the Duty of Loyalty）是信賴義務的重要組成部分，具體是指受信賴人負有的、除非明確授權不得獲利的義務，以及不能使自己處於與受益人利益衝突的位置。注意義務（the Duty of Care）指的是受信賴人在做出經營決策時，其行為標準必須為了受益人的利益，以適當方式合理地注意履行職責。從信賴義務的定義和分類中，我們可以看到企業年金受託人顯然負有信賴義務。那麼企業年金的其他基金管理機構是否也需要具備信賴義務呢？其實，不僅僅是實質的受託人（Trustee）受到制定法和判例法信賴義務約束，一些基於信託行為和責任的受信人（Fiduciary）同樣受到信賴義務的管制。因為這些受信人相對於受託人來說更加接近企業年金營運的具體操作，更加熟悉企業年金營運當中所會遭遇的風險，更加能夠影響企業年金計劃的成敗。在我國信託型企業年金計劃中，如果受託人不兼任其他相關管理人角色，那麼僅僅只有受託

人受到我國信託法律的約束，而其他相關管理人是作為委託代理關係中的代理方，不承擔信託法中的信賴義務。相比於其他相關管理人的責任約束來說，受託人受到的法律約束更強。企業年金基金管理業務相當複雜，由於存在不完全契約，其他相關管理人的責任和義務不可能在契約中一一列出。比如由於存在合同條款難以涵蓋的、隱蔽的利益衝突交易，其他相關管理人會基於自身利益考量而損害收益人的利益，但是卻完全不違反合同的約定。另外，合同法律關係高度重視合同當事人的意思自治和契約自由，當其他相關管理人與受託人或者受益人產生利益衝突時，都是依據合同法平等和誠實守信原則作為判斷標準，而這種法律約束標準顯然低於信託法下受託人以受益人利益最大化的原則，在保護受益人方面顯然比后者要弱。因此，從受益人利益最大化的角度出發，建議我國企業年金治理中引入信賴義務，使除了受託人之外的基金機構管理者也負有一定的受託義務，使其必須基於企業年金受益人的利益出發處理企業年金的營運，這對解決我國現有受託人缺位的狀況有很大的幫助。

(2) 治理結構多樣化

多層次養老保障體系概念是由世界銀行基於人口老齡化危機所設計提出的抵禦老年風險的一種制度設計。它改變了以往全由國家政府養老保障的傳統模式，引入市場機制，調動了養老保障參與各方的積極性。世界銀行多層次養老保障體系是以指導準則的形式出現，儘管世界上絕大多數國家都採納了指導準則的相關建議，但是，整個多層次養老保障體系的具體實現則體現出各個不同的特點。就第二層次的補充養老保險來說，以美國、英國為代表的歐美國家是將補充養老險以私人養老金或者職業年金的形式作為國民年金的補充，而以智利為代表的拉美國家的補充養老保險則與基本養老保險相融合，以個人帳戶的形式進行市場化的營運。可以看出，無論是採用三層次模型還是五層次模型，養老保障體系各層次之間的聯繫非常緊密。企業年金作為補充層次的養老保險，在各國由於法律、制度文化和發展路徑的不同，其發展模式也具有很大的差異性，這主要體現在企業年金的治理結構上。因此，從經驗角度總結得出，企業年金計劃的治理結構具有多樣性的特點。只要企業年金的模式選擇能夠與該國養老保障制度因素相適合，則該種企業年金的模式就是最后的目標選擇。換句話說，也就是一國企業年金可以採取多種形式的治理結構。

我國汲取了原有補充養老保險發展的經驗教訓，借鑑國外企業年金發展的成功模式，選擇了以信託模式為基礎的企業年金治理結構。相對於過去的政府經辦模式和行業經辦模式來說，信託模式更適合企業年金養老目標的實現。在信託型企業年金模式下，企業和個人的繳費以及基金投資收益都是受到信託財

產獨立制度保護的信託財產。作為名義企業年金基金資產所有者的計劃受託人在計劃管理中擁有年金資產的控制權和使用權,但是在基金管理過程中必須保證企業年金資產與受託人的自有資產以及其他受託資產相分離,這是企業年金信託資產獨立性和安全性的要求。同時,在信託型企業年金模式下,計劃受託人可能缺乏基金專業管理營運的能力,或者受託人出於成本收益的考慮,將企業年金資產交由第三方的基金管理機構進行基金投資、帳戶管理和基金託管。這些專業的基金管理機構有著自身領域長期的從業經驗,並且在參與企業年金計劃之前已經經過了嚴格的市場准入審查,擁有良好的法人治理和風險控制結構,有利於年金資產安全有效的管理。企業年金信託模式的上述特點是我國選擇該模式的初衷,然而信託模式優勢的全面發揮需要在制度移植過程中充分考慮到我國區別與信託文化國家的非正式制度的影響,這是信託模式扎根於我國的關鍵。

雖然我國已經確立了企業年金的信託發展模式,但是早在企業補充養老保險時代,保險公司便已經通過保險契約的方式經營企業補充養老保險。2004年原勞社部關於企業年金的兩大部令頒布之后,保險公司契約型補充養老保險處於十分尷尬的境地。雖然保險公司仍然可以以團體年金的名義開展補充養老保險業務,雖然性質和企業年金一樣,但是其名稱不能稱為企業年金,也無法享受企業年金制度的稅收優惠,這無疑給我國契約型補充養老保險的發展帶來了制度障礙。其實,除了我們經常談到的作為契約型企業年金營運主體的保險公司在產品開發、資產管理和多樣化服務方面的優勢之外,契約型企業年金還有著現有信託型企業年金不具備的特點。保險公司經營的契約型企業年金是投保人與保險公司之間簽訂的保險合同,保險合同中約定了計劃發起人和基金管理人的權益關係,並由《合同法》對行為雙方權利和義務進行最終的法律約束。因此,只要保險合同符合《合同法》的規定,合理明確了企業年金計劃各方的利益分配,那麼契約型企業年金就能夠順利實施,實現契約約定的企業年金計劃的養老保障承諾。相比於信託型企業年金,契約型企業年金計劃所涉及的當事人數目較少,當事人之間的關係清晰,風險鏈條簡單,並且有相對運行完善的法律體系,有利於監管機構的監管責任的實施。

我國現有的信託型企業年金沒有收益率保證方面的規定,企業年金計劃的風險完全由企業年金計劃的委託人和受益人承擔,而契約型團體年金產品可以提供收益率方面的保證,年金產品的風險完全由保險公司承擔,這能夠減少委託人和受益人的風險暴露,同時避免信息不對稱條件下委託人和受益人對企業年金的監督成本。信託型企業年金計劃對企業年金職工流動所涉及的企業年金

可攜帶性，包括既得收益權的歸屬、獲得比例等，都有著嚴格的約束和規定。而契約性團體年金保險則可以靈活確定年金保險合同的期限，年金的最終所有權和累積金額也完全由合同法律進行保障，能夠更加合理地應對當前社會人力資源流動頻繁的現狀，方便企業員工福利計劃的管理。既然信託模式和契約模式都有其各自鮮明的特點，並且契約性團體年金在我國也有長期的發展歷史，因而，在企業年金治理結構的選擇上，應當逐步恢復契約型企業年金的合法地位，構建起信託模式和契約模式相互競爭、協調發展的多元化企業年金發展模式。

7.1.1.2 我國企業年金治理機制的進一步優化

遵循《OECD 企業年金治理準則》的規定，我國企業年金在治理機制的優化需要在基於風險的內部控制、信息披露和報告制度上下功夫。

2008 年的金融危機使得世界各國養老金的監督管理機構更加重視企業年金的風險管理，在企業年金的內部控制中，也將風險因素擺在首位，加強以風險控制為導向的內控機制建設成為了 2009 年企業年金治理準則的新內容。基於我國現階段金融機構內控機制的現狀，首先需要其按照各自業務領域的特點，以公司治理準則為基礎，建立有效的內控機制。按照信託型企業年金管理框架，建立嚴格的隔離制度，保證企業年金資產與機構自有資產相互分離，企業年金受託職能與機構自身其他管理職能相互共存。在信託模式下，基於風險的內控機制發揮作用的關鍵在於受託人的主體地位和獨立性，這樣才能保障企業年金受託財產的安全，減少年金營運過程中的利益衝突。

基於風險的內控機制的建立能夠有效控制企業年金基金營運過程中的各種潛在風險，防止企業年金營運機構出現各種違規交易、關聯交易和內部人控制問題，充分保護年金受益人的利益。內控機制的實施要遵循以下原則：

第一，內控機制以保護企業年金資產的安全性為目的；

第二，內控機制以書面形式保持年金營運相關人員的信息溝通；

第三，內控機制對受控因素的每日監控制度；

第四，定期對內控機制進行檢查和完善。

企業年金基於風險的內控機制使得計劃受託人能夠及時獲得有關計劃營運的真實準確信息，對違規行為進行及時的處理，依照法律規定制定投資策略並監督相關策略的實施。此外，計劃受託人對其他的基金管理機構進行監管，並保持及時的信息溝通。作為內控機制的重要組成部分，受託人需要建立風險控制機制，完善的風險的事前識別、事中防範、事後評估，基於成本收益原則，將風險控制在可以接受的範圍。另外，由於受託人處於信託關係的核心地位，

涉及大量的企業年金信息和數據，其中很多是屬於企業年金營運的限制披露信息，因此需要加強計劃受託人的信息控制系統，從硬件和軟件環境兩方面保證數據的安全性和保密性。

我國企業年金信息披露建設應當確保企業年金治理參與的各當事人之間有著順暢的信息交流渠道，保證企業年金的相關信息的準確到達。從我國現有的信託型企業年金信息披露機制來看，企業年金的信息披露主要是企業年金營運機構將企業年金作為自身業務的一部分進行定期披露，以及應相關監管部門的監管要求所提交的信息報告。信息披露與報告建設中需要將強制披露與激勵性自願披露相結合使年金兩個信息披露主體更加規範、詳細地披露企業年金信息。除了通過將企業會計報告作為企業年金信息的載體，同時也可以通過其他信息披露平臺擴大年金信息披露的範圍。例如，政府的勞動和社會保障部門應對企業年金的規模、參加人數、運作管理情況等分行業或地區進行統計披露；年金仲介機構也可以對企業年金信息協助其他部門進行披露；也可設置專門的年金網站對各相關部門披露的信息進行匯總披露，並將年金的相關法規制度等設置相關專欄進行介紹等。人力資源與社會保障部頒發的《企業年金基金管理信息報告有關問題的通知》詳細規定了年金基金管理信息報告的內容，但也僅僅是年金主體之間的報告，沒有面向社會的更全面、更詳細的年金籌集和營運信息報告披露平臺。

7.1.1.3 企業年金基金管理模式選擇

(1) 進一步優化現有的部分分拆模式

儘管從企業年金基金的捆綁模式來看，有全捆綁、全分拆和部分分拆模式，但是現階段我國企業年金更適合選取部分捆綁的基金管理模式。全捆綁模式要求企業年金受託人、投資管理人、帳戶管理人和託管人四合一，在我國分業經營的環境下，需要由金融控股公司來實現。這種全捆綁的模式不僅對企業年金治理和風險控制要求很高，而且還會引入額外的金融控股集團子公司與母公司、子公司與子公司之間的風險因素。因此，全捆綁模式在我國現階段來說還需謹慎選擇，從機構牌照的發放過程當中也看出了監管層對於這一點的考慮。全分拆模式從形式上看，各管理機構主體之間在權利和責任的劃分最為清晰，功能形式也最為專業，但是在企業年金營運過程中需要處理不同行業和不同機構之間的分工合作問題，不同市場主體價值鏈的成本收益平衡問題。此外，由於我國年金管理費用偏低等原因，單個的管理機構除了投資管理人之外，基本上都處於生存困難的狀況，這尤其體現在受託人的「空殼化」和缺位當中。基於此，現階段我們應當繼續優化企業年金部分捆綁模式。部分捆綁

模式分為「受託人+帳戶管理人」「受託人+投資管理人」和「受託人+投資管理人+帳戶管理人」三種。第一種模式中受託人與帳戶管理人相結合，能夠實現年金管理信息的整合，有利於提高企業年金管理的運作效率，降低協調成本，減少差錯率；有利於實現受託管理、投資運作和資產保管三者的徹底分離，更有利於安全管理、優化選擇和相互制衡；有利於受託人更好地履行職責，責任認定更清晰；有利於受託人更好地安排投資，更公平地選擇投資管理人，更符合受益人利益最大化原則。這是現在企業年金實務界比較推崇的部分捆綁模式。第二種模式中受託人與投資管理人相結合，由於涉及企業年金投資，那麼這種模式下，受託人在制定投資策略的時候，應當堅持長期配置、穩健收益的指導原則，注重跨週期基本面、跨週期配置的研究，同時，更需要有效監督投資管理人的投資行為，充分行使受託人的權利。這種模式由於將受託人與投資管理人捆綁在一起，在基金管理費的收取上將有很大的改進，有利於克服受託人「空殼化」的問題。因而第二種模式也受到了企業年金業界的青睞。第三種模式中受託人、投資管理人與帳戶管理人相結合，實現了企業年金「全牌照」，相對於前面「2+2」的模式來說，「3+1」模式雖然看似只是增加了一個管理機構，但是該模式對於企業年金營運機構自身公司治理和風險管理水平提出了更高的要求。從目前的企業年金市場情況看，人力資源與社會保障部批准的由專業養老保險公司、商業銀行和信託公司構成的法人受託機構中，只具備受託單一牌照的機構基本難以生存，甚至「受託+帳戶管理」的雙牌照機構也自身難保。因此，解決受託人地位「空殼化」問題的關鍵在於疊加資格牌照，只有同時具備「受託+投資管理+帳戶管理」的專業養老金管理公司才有條件成為市場上的核心治理主體，使受託人逐漸走向專業化和職業化。

　　在進一步優化部分分拆模式的過程中，最重要的是以受益人利益最大化為目標。不管採用哪一種模式，作為治理主體的受託人的作用更為突出。受託人需要在受託關係建立之前，要做好對企業建立年金方案的諮詢顧問服務，包括福利政策、分配機制、稅收安排，等等。在受託關係建立之後，要幫助企業管理好資產，包括優秀的戰略資產配置、動態即時的投資監督，以及科學的投資績效評估，等等。此外，還要對帳管服務、託管服務質量形成有效監督，這些都是克服當前企業年金受託人缺位問題的有效措施。

　　（2）探索建立捆綁式專業養老金管理公司

　　國內相關學者在企業年金治理研究中提出了建立專業養老金管理公司的建議，並將其作為實施信託型企業年金計劃的制度創新。養老金管理公司作為一個外部法人受託人，其核心要素在於其具有投資管理功能的一體化，就是說受

託人資格與投資管理人資格是捆綁在一起的。這既是受託人在市場上的生存之本，又是養老金管理公司的本質特徵之一，更是養老金管理公司得以發揮其核心作用的關鍵所在。筆者認為，養老金管理公司相對於其他金融機構來說，在其建立之初就注定了具有功能一體化的特點，至少包含受託人和投資管理人的功能。這與我們前面談到的部分捆綁模式有一定的相似之處，可以將其作為部分捆綁模式發展的更高級的階段。

7.1.2　構建適合我國企業年金治理及其風險控制發展的監管體系

7.1.2.1　企業年金風險約束機制

在企業年金監管體系中，風險約束機制主要是針對企業年金營運主體的市場准入和年金管理機構治理行為進行約束。

合格的企業年金營運主體是信託型企業年金有效運行的關鍵。企業年金市場准入監管是一種事前性監管方式。我國應當繼續完善現有的《企業年金基金管理機構暫行辦法》的相關規定，結合《OECD企業年金基金管理機構牌照發放指引》的要求，進一步細化企業年金管理機構的資格細則，將合規的管理機構所具備的條件逐步細化。比如對管理機構的條件中都規定了要具有完善的法人治理結構、內部稽核監控制度和風險控制制度，接下來則是要制定詳細的評價標準，將法人治理結構、內部稽核監控制度和風險控制制度指標化，防止在資格評估過程中由於標準模糊化而帶來的人為風險。同時，補充制定企業年金基金管理機構退出機制的細則。明確規定管理機構在違反了哪些損害年金基金受益人利益的條件會喪失企業年金的管理資格，並退出企業年金市場。同時，對該管理機構由於違規行為所造成的受益人年金利益的補償方式也需要詳細說明。這保證了企業年金基金管理市場進退的有序性，為年金市場中機構代理人市場的發展創造良好的制度環境。與暫行辦法相比，《企業年金基金管理辦法》對企業年金的參與主體的註冊資本要求有所提高和細化，其中規定：法人受託機構和帳戶管理人都應具備註冊資本不少於5億元人民幣、託管人註冊資本須不少於50億元人民幣的條件。投資管理人是證券公司的，註冊資本不少於10億元人民幣，養老金管理公司的註冊資本不少於5億元人民幣，信託公司註冊資本不少於3億元人民幣，基金管理公司、保險資產管理公司、證券資產管理公司或其他專業投資機構的註冊資本則不少於1億元人民幣。

風險約束機制中對年金治理機構行為的約束是指建立激勵機制和懲罰機制對企業年金委託代理關係中的受託人、投資管理人、帳戶管理人和託管人之間的行為進行約束，使他們能夠以受益人利益為出發點，各司其職，努力履行自

身的專業職責。目前受託人空殼化的問題較突出地體現在受託人權利與義務的不對等上。企業年金受託人作為信託型企業年金中的治理主體，按照規定只能提取不得高於受託管理企業年金基金資產淨值的0.2%的管理費，這很難調動起受託人的積極性投入企業年金的專業管理，影響其受託責任的履行。因此，對於處於信託關係核心地位的受託人來說，提高管理費的收費比例，保證權利與義務的對等性才能充分調動受託人的積極性。對於投資管理人來說，是否借鑑美國的激勵金制度，還需要對投資績效的基準點、評估績效以及時間週期進行科學的設計，防止由於追求激勵金而帶來的冒險行為。與激勵機制相對應，對機構治理機構行為也要設置相應的懲罰機制。對受託人、投資管理人、帳戶管理人和託管人的違法違規行為造成基金財產損失的，經過事實認定，確認清楚的，除了需要接受年金業務經營懲罰之外，還應當接受行政性罰款處罰，並嚴格制定賠償標準，保證企業年金基金的安全性。

7.1.2.2　企業年金風險監督機制

（1）構建高效協調的企業年金監管平臺

國際養老金改革的實踐證明，有效的綜合監管平臺將會對養老改革目標的實現提供強有力的促進作用。我國現有的企業年金監管體系中部門利益的衝突導致整個監管體系和管理制度還沒有完全理順，企業年金計劃難以實現有效地合理監管，制約了企業年金計劃的健康發展，這將會直接影響企業年金治理結構和風險控制的完善，帶來潛在的風險隱患。由於企業年金涉及多個金融領域，特別是採用信託模式後，引入的符合標準的企業年金基金管理機構分屬不同的金融子行業，基於我國分業監管的制度環境，需要構建更加權威、層次更好的企業年金監管平臺，加強包括人力資源與社會保障部、財政部、銀監會、證監會、保監會以及全國總工會在內的各個監管職能部門的協商與溝通機制。如果有必要，可以由國務院設立單獨的企業年金監管協調結構，統領各部門的監管協調工作，避免同級部門之間的權力掣肘，強化綜合監管的能力。這是我國企業年金治理結構和風險控制，乃至整個企業年金制度發展的重要制度保障。

（2）企業年金監管模式選擇

企業年金監管模式的選擇首先需要明確監管的目標是什麼，最有利於實現該目標的監管方式則是自然的制度選擇。企業年金監管的目標是監督管理企業年金基金管理營運的全過程，進行有效的風險管控，保證年金到期的養老償付能力，維護年金受益人的利益。可以看出無論企業年金採用DB還是DC模式，基金養老承諾的履行、償付能力的保證是整個制度可持續發展的基石。因此，

可以將銀行、保險行業當中的基於風險的監管理念引入企業年金監管體系當中。基於風險的監管方式是在《巴塞爾協議Ⅱ》和《償付能力Ⅱ》的規則理念下誕生的。基於風險的監管模式通過對企業年金經營管理業務的全程進行跟蹤監控，強調動態跟蹤而不是僅僅依賴於個別指標和結果的考察，這在管理理念上是對現有的嚴格限量監管模式的有效補充和對合規性監管的深化。相對於嚴格限量監管模式來說，基於風險的監管模式風險為導向，能夠更早地發現風險苗頭，注重風險預警機制的建設，為及時化解風險和減少風險管理成本提供有益的幫助。相對於龐大數量的企業年金計劃來說，監管資源是有限的和稀缺的，基於風險的監管能夠依據風險點快速尋找風險源頭及其所涉及的年金管理機構，實施差別化的監管，集中有限的監管資源，避免監管資源的浪費和無效率，優化監管資源配置。基於風險的監管模式還有一個最大的特點是注重外部監管與內部控制相結合，通過外部激勵機制促使外部基金管理機構建立有效的風險管理的內部控制機制，並與監管機構一道實行全面風險管理（見表7-1）。

表7-1　　　　　　　　　基於風險的基本風險管理框架[①]

機構角度	監管者角度	市場約束
• 風險管理策略 • 董事會或者委員會 • 風險管理 • 內部控制 • 報告責任	• 監管，包括最低的風險管理標準 • 基於風險的償付能力規則 • 指導監管行為的風險評估模型 • 具有特殊風險單元的內部組織	• 良好的風險管理注重發揮精算師、審計師、基金成員、評級機構以及市場分析人士的作用

從前面對企業年金治理與風險控制的分析當中可以看出，企業年金計劃會面臨各種風險。那麼從風險點本身出發，借鑑國外風險監管的實踐和經驗可以將基於風險的監管模式引入我國企業年金的監管當中。在監管框架的搭建過程中可以結合我國企業年金發展的現實情況，充分借鑑《IOPS 私人養老金監管十項原則》和《IOPS 養老基金風險管理框架的指引準則》[②]。

第一，內部審計與外部審計相結合。基於風險的監管模式十分重視將內部審計與外部審計結合起來進行企業年金的監管。監管機構需要對基金管理機構內部設計部門提供的工作報告進行評估，包括識別、度量、監督和控制風險的相關方法。如果對內部審計部門提供的工作報告滿足的話，監管機構將把該報

[①] Gregory Brunner, Richard Hinz, Roberto Rocha. Risk-based supervision of pension funds [R]. Broader Project on Risk-Based Supervision Coordinated Jointly by the World Bank and the IOPS, 2007.

[②] IOPS principles of private pension supervision [R]. Working Paper, 2006.

告作為認識企業年金計劃風險控制問題的參考依據，並在此基礎上對報告所還未涉及的企業年金潛在的風險進行識別和分析。如果沒有對內部審計報告的足夠重視和提倡，則監管機構將花費更多的時間和精力進行初始的調查和研究，這顯然造成了監管資源的浪費，降低了監管工作的效率。

在外部審計方面，監管機構通常要求對所定義的企業年金計劃所涉及的範圍進行定期的外部審計。如果監管機構不具備對企業年金治理主體進行外部審計的能力，應當及時通過聘請外部審計師的方式進行補充。監管機構應當十分重視外部審計師關於基金管理機構內部控制效率以及管理層的績效方面的意見和建議。這將成為監管機構評估基金管理機構內部控制時所需要考慮的問題。

第二，現場檢查與非現場檢查。為了充分發揮監督機制的作用，企業年金監督機構需要對企業年金基金管理機構進行不定期的現場檢查。現場檢查主要涉及企業年金的基金管理水平、投資收益、基金流動性和資產質量等常規檢查，監督人員將審核企業年金基金是否符合審計要求的規定，並就有關企業年金的風險管理和重大戰略問題與高級管理層進行商討。現在檢查中十分重視對風險的評估檢查，用以判斷企業年金營運、投資、融資和總體合規管理情況。就檢查的頻率和強度來說，主要受到監督人員對內控制環境的信賴程度和風險評價結果兩方面的影響。

非現場的檢查主要是針對企業年金管理機構的合規性報告進行定期審查。企業年金計劃受託人、投資管理人、帳戶管理人和託管人定期向監管機構提交基金管理的相關報告，並對報告內容的真實性和完整性承擔責任。企業年金監管機構需要對受託人提交的年金管理報告、投資管理人提交的企業年金基金投資組合報告和投資管理報告、帳戶管理人提交的帳戶管理報告以及託管人提交的基金託管報告和財務會計報告進行嚴格的審查，防範企業年金基金風險並對管理機構在經營管理和財務上是否存在問題隱患進行判斷，盡早發現問題，降低后續問題的處理成本，防患於未然。

第三，自我評估。為了保證監管的有效性，監管機構採用自我評估的方式對企業年金基金管理中的風險管理框架進行評價，並定期對企業年金計劃委託人和其他基金管理機構的自我評估方式的有效性進行檢查。監管機構通常在機構資格審定和牌照發放時對治理主體的內部控制結構和機制進行評估，以期滿足企業年金基金管理的需要。完整的內部控制系統需要包含年金操作指南、環境和行為控制機制、投訴處理機制、信息披露和報告機制以及風險評估監管機制。

第四，評估企業年金基金營運機構的風險控制水平。企業年金基金管理機

构内部风险控制系统的水平将直接影响到计划成员和受益人的利益。作为治理结构主体，企业年金计划受托人需要确保其他的基金管理机构能够建立合适的内部控制机制。同时，监管机构也必须对这些机构的内控机制建设进行监督，特别是针对企业年金的投资管理机构。可以看出，基金管理机构的内控机制将受到受托人和监管机构的双重监督，这突出了在基于风险的监管模式中风险控制机制的重要性。在泰国，计划治理主体被要求根据需要设置对基金管理机构的检查制度，并写入整个企业年金计划契约中。在澳大利亚，监管机构设计了一整套针对受托人和托管人的现场检查机制[1]。

(3) 企业年金信息披露和报告制度

作为企业年金治理机制的重要组成部分，信息披露和报告机制能够解决企业年金委托代理过程中的信息不对称问题，从而有效降低代理人的道德风险，保证企业年金基金的安全。企业年金计划的信息披露和报告机制建设主要包括：

第一，明确企业年金信息披露的对象，保证信息获取对象的功能需求。企业年金信息披露过程中涉及企业年金委托人、企业年金营运各方当事人、企业年金监管机构和其他专业性的仲介机构，每个信息披露的接受者对企业年金披露信息的需要程度和接受程度各有不同。在着手信息披露的工作中，根据信息的层次性特点可以将信息归纳为公开信息、特权信息和保密信息三类。基于成本收益的角度，信息的收集是有成本的，并不是针对所有的披露对象都采用相同的披露内容，更何况企业年金计划营运还包含大量特权和保密信息。因此，对于不同的披露对象，应当根据其功能需求披露相应的信息。

第二，细化信息披露和报告机制的内容。企业年金信息披露和报告机制的作用得到充分发挥需要充分细化企业年金信息披露和报告机制的内容，使得信息披露和报告机制能够涉及企业年金营运过程中各个实质性环节，特别是与企业年金基金投资相关的财务信息，这些都涉及企业年金营运的安全性。在企业年金基金披露的财务报告中，除了一般的资产负债表、净资产变动表以外，更需要注意企业年金基金投资产品种类、基金收益率、经营状况等核心环节的披露程度。无论是在理事会受托模式还是外部受托模式中，出于对企业年金基金治理和风险管理的需要，企业年金的受托人应当定期向各方出具企业年金基金风险管理与控制报告，建立起企业年金基金风险管理的事前识别和检测、事中

---

[1] Fiona Stewart. Pension funds' risk-management framework: regulation and supervision oversight [R]. OECD Working Paper, 2010.

預警和處理、事后評估和報告機制，使得各方能夠獲得更加詳盡的企業年金營運風險的信息，防患於未然，從風險源頭開展風險控制工作。

第三，我國應當盡快建立完備的信息披露與報告制度，使其覆蓋企業年金計劃的各個環節。在這種情況下，企業年金機構之間的透明度將大大增加，有利於計劃委託人及時獲取信息，發現計劃管理當中的問題，快速有效地進行處理，保障基金的安全運行。由於我國企業年金發展相對於其他金融領域來說還處於一個非常年輕的階段，因此，相關金融領域特別是基金行業發展中有關信息披露和報告機制的經驗可以為企業年金提供可以參考的藍本。我國 2004 年頒布的《證券投資基金信息披露管理辦法》中對開放式基金的信息披露時間、披露渠道、披露內容等都做了詳細的規定。企業年金基金作為養老基金的一種類型，與開放式基金的營運和發展具有相似之處，在信息披露過程中完全可以借鑑其相關規定。企業年金基金的受託人應當定期按照規定將所需披露的內容在公開媒體和自身網站上進行公布。現階段，《企業年金基金管理辦法》中對企業年金的信息披露的相關細節還沒有做出細緻的規定，與《企業年金基金試行管理辦法》相比，只是對企業年金投資管理人、託管人和帳戶管理人季度和年度的基金投資管理報告、託管和財務管理報告以及基金帳戶管理報告的披露時間進行了規定，將季度披露時間由每季度結束后 10 日延長到 15 日，年度報告披露時間由每年度結束后 30 日延長到 45 日。這能夠為各個信息披露當事人提供足夠的信息統計和測算時間，有利於保證披露信息的真實性和有效性。

(4) 企業年金市場行業自律

企業年金治理和風險控制的監管離不開企業年金市場的行業自律。作為政府監管之外的重要外部制度約束，行業自律是行業自我規範和自我約束的重要機制，能夠有效地維護市場秩序，防範市場風險，保護行業的整體利益，防止行業間的惡性競爭導致的消極后果，促進行業的健康發展。企業年金市場中各個參與主體在企業年金的營運過程中有著共同的利益和訴求，基於企業年金發展的共同需要，行業自律機制規範了企業年金市場主體的競爭行為，形成了對政府法律和監管制度的有益補充。有別於我國銀行業、證券業和保險業，我國企業年金市場缺乏一個獨立的行業自律的主體。究其原因，主要因為企業年金市場本身屬於養老金市場的一部分，按照我國企業年金基金管理模式的規定，其涉及銀行、證券、保險等多個金融領域。各個子金融領域的參與主體主要完成其相應的金融功能和職責，可以說企業年金主體涉及銀行、證券、保險等多個金融領域，組織構建一個行業自律主體的協調成本更高。而我國自 2004 年

原勞社部關於企業年金的兩大部令頒布以后，企業年金市場才逐步走上規範發展的道路，現有企業年金經辦機構也是通過兩次機構資格管理審批確認，整個行業還處於建設的初級階段。截至 2014 年年底，企業年金市場共有 30 多家各類金融機構參與競爭，涉及金融各個子行業，但是卻遲遲沒有探索出一條企業年金的盈利模式。前端的高成本加之后端的低收費，形成了年金管理機構的巨額累計虧損。一方面，機構的管理費率收入情況並不理想。年金管理機構眾多導致年金管理機構分散，市場競爭異常激烈。各家業務主體出於自身市場開拓的迫切要求，不得不採取低價競爭策略，紛紛壓低管理費用，管理機構實際收取的費率非常低。另一方面，機構投入的管理成本卻居高不下。在對大企業客戶的激烈競爭和爭取過程中，無序的市場管理和單一計劃都增加了企業年金機構的營運成本。

現階段，我們必須首先認識到建立企業年金行業自律機構的重要作用。行業自律作為企業年金治理和風險控制的重要組成部分，相對於外部監管機構的行業監管來說，具有及時性和溫和性的特點，能夠以潛移默化的方式將企業年金市場中的違規行為消除在萌芽階段，而且能夠在企業年金發展過程中動態地解決所遇到的問題。同時，行業自律也能夠觸及行業監管所不易涉及的領域，減輕行業監管的壓力，降低行業監管成本，提高行業監管的效率。因此建立企業年金行業協會是企業年金市場發展的必然產物。企業年金行業協會作為非營利的自律組織，將以企業年金市場的整體利益為前提，在企業年金法律法規的框架下組織成員制定和執行統一的行業與市場標準，增進組織成員間的協同與合作，共同維護整個企業年金行業的利益。企業年金行業協會的首要任務則是需要組織協會成員簽訂各項自律性文件，切實保障企業年金市場的公平競爭和市場秩序。其次企業年金行業協會要明確自律違約的懲戒機制，加強對各項自律規則運行情況的檢查力度，對於違反公約的成員，將視情節輕重，提請協會理事會給予警告、停權以及罰款等處分，以此保證行業公約的權威性和執行力。再次，企業年金協會需要建立同業間的溝通交流機制。在充分發揮市場機制的前提下，通過同業間信息交流平臺的建立，協同一致，著力解決市場競爭中所存在的問題，消除企業年金市場發展中的隱患。最后，企業年金行業協會還肩負著引導行業文化發展的重任。企業年金作為個人老年保障的重要組成部分，關乎企業職工老年生活的安全。誠實守信應當成為企業年金行業文化的核心，借鑑保險業最大誠信的原則，企業年金行業需要逐步建立起誠信體系，以企業年金受益人的利益為根本，將法律法規規定的強制性約束轉變為企業年金市場各參與主體的自覺自願行為，構建良好的行業文化，樹立良好的市場形象。

當前，在企業年金行業協會還未建立的環境下，可以通過企業年金行業中的強勢個體發揮帶頭作用，在基於行業發展的共同利益下，初步構建企業年金行業中的協調機制，為今后行業協會的建立奠定堅實的基礎。2011年2月18日，由所有具有企業年金基金管理資格的機構設計的《企業年金基金管理行業自律公約》正式實施，該公約對企業年金的實際管理費率進行了自上而下的調整，這一方面增加了年金管理機構管理企業年金的競爭性和專業性，逐步規避企業年金市場中的惡性競爭，也在另一方面增加了年金管理機構的收入，調動了其管理企業年金的積極性。這可以看成是我國企業年金行業自律發展過程中的一個成功的事例。

7.1.2.3 企業年金的風險分散機制

自20世紀80年代開始，養老基金累積制改革強調了養老基金的投資環節的重要性，養老基金投資收益成了基金規模的擴大和保值增值的重要途徑，也成了養老基金和資本養老基金與資本市場的互動關係得以實現的橋樑。進入21世紀後，全球養老金資本主義的興起和發展也強化了養老基金通過投資在國家治理和公司治理等方面的積極作用。對於累積制養老基金來說，基金投資在帶來投資收益的同時，也伴隨著投資風險的產生。因此，世界各國養老基金監管當中對基金投資的監管是重中之重，歸納起來主要有三種模式：嚴格限量監管模式、審慎人監管模式和兩者的混合模式。無論採用哪種投資監管模式都是綜合考慮了該國自身金融環境、監管能力和機構治理水平等一系列因素。從2004年《企業年金基金管理試行辦法》頒布到2011年《企業年金基金管理辦法》[①]的出抬，可以看出我國現階段仍然是以嚴格限量監管模式為基礎，對年金資產的投資分散化做出了明確規範，對投資的組合管理做出了嚴格的投資比例規定，以有效地分散和降低年金資產的投資風險，這也與我國當前的經濟金融發展環境相適應。從各國監管的發展經驗和趨勢來說，嚴格限量監管模式和審慎人監管模式相結合的方式成為我國企業年金投資監管模式的發展方向。那麼，從嚴格限量監管模式向混合模式的發展，需要監管部門在現有嚴格限制監管模式的基礎上逐步融入審慎人監管規則的理念，以嚴格的市場准入和信息披露制度為基礎，激勵企業年金投資管理人完善自身內控制度和治理結構，使其成為符合審慎人監管規則的合格的審慎投資人。嚴格限量監管模式和審慎人監管模式的最大區別在於投資比例的設置方面，如果企業年金投資中銀行存款與國債所占比例過大，那麼企業年金基金保值增值的目標將很難實現。因而拓寬

---

① 《人力資源與社會保障部令11號》。

企業年金基金投資渠道，允許基金有條件地進入資本市場，通過風險收益原則進行積極的投資組合管理能夠有效地降低市場的非系統風險。在向混合模式過渡的過程中，應當根據我國金融市場和資本市場的動態發展，逐步放寬企業年金投資領域和投資工具的限制，特別是放鬆對權益類資產的比例限制，為我國企業年金提供安全性和收益性的雙重保障。

與此同時，從另外的角度來看，資本市場對於企業年金基金投資來說可以說是一把「雙刃劍」，在帶來投資收益的同時也需要承擔資本市場波動帶來的投資風險。一旦企業年金基金資產因為投資風險而受到損失則會影響到退休養老金的給付，降低老年生活的水平，為社會發展帶來不穩定的因素。美國安然公司在企業年金基金投資過程中將63%的資產用於購買自己公司的股票，這造成了安然公司倒閉之后，該企業員工在失去工作的同時，也失去了養老金給付，產生了不良的社會影響。因此強化企業年金投資風險管理，分散投資風險是保障企業年金受益人利益，使其安度晚年的重要手段。在風險分散機制的設置方面可以從以下幾個方面入手：一是對投資比例進行限制，優化各種資產的占比結構，對股票等資產設置比例上限；二是對投資工具進行限制，對不滿足企業年金投資安全要求的高風險領域進行迴避；三是對投資數量的限制，避免基金資產投資過於集中，充分遵循分散化原則。我國《企業年金基金管理試行辦法》對企業年金基金投資比例進行了限制，但是除了對債券投資要求是投資級以上之外，其他的投資品種卻沒有設置相應的規定，需要對這些類型補充制定對應的投資指導性原則。針對股票投資來說，應當將公司業績和流通性作為重要的參考指標，基於養老基金的特性，具有良好發展前景的藍籌股應當是股票投資的主要方向，既能通過長期持有獲得穩定的股票分紅收益，也能通過參與公司治理分享管理溢價的收益。

企業年金經過多年的發展，與其投資相關的外部環境也悄然發生著變化。在經歷了2008年的全球金融危機洗禮之後，金融資本市場更加注重金融風險防範，金融機構也在不斷提升自身的治理水平，整個經濟環境處於良性發展的軌道當中。因此，在2011年出抬的《企業年金基金管理辦法》中，對企業年金投資範圍和比例進行了修改和細化，除了《企業年金基金管理試行辦法》規定的銀行存款、國債、中央銀行票據、債券回購、萬能保險產品、投資連結保險產品、證券投資基金和股票之外，還納入了信用等級在投資級以上的金融債、企業（公司）債、可轉換債（含分離交易可轉換債）和短期融資券和中期票據等近年新增的金融產品，但還未涉及不動產投資和私募股權投資。在投資比例方面，《企業年金基金管理辦法》將企業年金基金固定收益類投資比例

上限由原來不高於50%改為不高於95%，流動性投資比例下限由原來不低於20%改為不低於5%。對於涉及股票等權益類產品及股票基金、混合基金等30%的投資比例上限未作調整，但是取消了對股票投資比例上限為20%的限制，這就意味著未來股票投資比例上限最高可放寬到投資組合的30%。此外，該辦法還規定企業年金基金不得直接投資於權證，但因投資股票、分離交易可轉換債等投資品種而衍生獲得的權證，應當在權證上市交易之日起10個交易日內賣出①。從《企業年金基金管理辦法》對原有投資規定的修改來看，監管機構也逐步認識到過於嚴格的投資管理規定將限制企業年金基金的投資營運，從而影響最終目標的實現。漸進放寬企業年金的投資限制，強化混合型監管念將在未來的企業年金投資監管中逐漸顯現出來。

企業年金的風險補償機制。從前面章節的分析中可以看出，由於我國企業年金採取基金累積模式，整個企業年金基金來源主要是計劃參與者的繳費以及年金基金的投資收益。企業年金基金在獲得投資收益的同時，也面臨著基金損失的風險。由於企業年金作為養老基金的特殊性，企業年金基金的安全性和到期償付能力決定了企業年金計劃應當建立起多層次的擔保機制。從《企業年金基金管理辦法》中可以看出，我國的企業年金基金擔保機制主要是通過建立風險準備金的方式，對企業年金基金在投資過程中的虧損進行彌補，顯然這樣的制度設計對於保障企業年金受益人利益來說還顯得很不完善。從風險準備金的來源來看，風險準備金僅僅能對基金投資過程中相對較小的損失進行彌補，而且僅僅是針對投資顯性損失，對投資的隱性損失，包括投資時間成本和通貨膨脹損失等都沒有涉及。因而，從老年安全的角度來說，最終的企業年金基金累積有可能還不如銀行存款的累積額，這顯然與補充養老金計劃的初衷背道而馳。在企業年金治理和風險控制越發受到重視的情況下，多層次的擔保機制作為風險補償機制的核心之一，對企業年金治理中的行為約束也會產生影響，成為完善企業年金治理和風險控制的重要手段。

多層次的企業年金擔保機制主要包括準備金制度、保險保障機制以及最終的政府財政兜底。準備金制度是建立在對基金收益提供擔保的基礎上，而收益擔保一般來說又分為最低養老金擔保和最低收益率擔保兩種。從企業年金帶有的私人養老金屬性來看，選擇最低收益率擔保較為合適。我國現行的準備金制度可以看成是對收益率低於零的情況提供資金支持，從前面的分析中看出這顯

---

① 根據人力資源與社會保障部《企業年金基金管理辦法》(11號令) 與《企業年金基金管理試行辦法》(23號令) 比較得出。

然存在弊端。因此，應當在科學設定最低收益率的基礎上構建我國的企業年金準備金制度。最低收益率的確定可以結合養老基金市場平均收益率、銀行存款利率、通貨膨脹指數等一系列指標，防止最低收益率設置的盲目性，並留有一定的浮動空間。準備金的構成也需要擺脫現在單一的風險準備金模式，將基金盈余準備金、管理機構自有資本準備金等納入準備金構成體系，以盈余準備金——風險準備金——自有資本準備的順序依次對基金累積中低於最低收益率的部分進行補充。

企業年金擔保機制中的保險保障機制是企業年金基金通過購買保險的形式對年金基金的受益人提供保護。企業年金保險保障機制現階段的問題在於缺乏一個合適的保險主體，既沒有像美國養老金受益擔保公司（PBGC）一樣的養老金擔保機構，也沒有像香港強積金一樣通過購買商業保險市場主體提供專業保險的方式來規避強積金權益的損失。由於養老基金的特殊性，可以建立起國家企業年金擔保基金，採取事前徵收與事后徵收的強制收取保險費的方式，應對企業年金基金損失。

政府的財政兜底作為最后的企業年金擔保機制的最后一道安全網，其擔保機制發揮作用也必須具備一定的條件，否則政府的財政兜底會帶來嚴重的道德風險。從一般情況來說，企業年金基金在營運過程中由於投資等因素造成的損失由準備金制度和保險保障機制就能夠進行充分的應對。但是如果遭遇了像2008年一樣的全球金融危機等情況，企業年金基金有可能遭受巨大的損失，甚至有破產的危險。空前的金融危機會給金融市場上所有的機構帶來危局，企業年金的擔保基金也可能無法應對巨額的損失賠償。這個時候，政府的財政兜底將作為最后的擔保機制來維護年金受益人的利益，以保證整個社會的穩定。

7.2 完善我國企業年金治理及其風險控制發展的外部環境和配套制度

7.2.1 我國企業年金治理及其風險控制的外部環境

7.2.1.1 完善資本市場，為企業年金治理及其風險控制提供良好的投資環境

金融市場和資本市場作為企業年金治理和風險控制互動的約束條件，市場的發展規模、效率對兩者間的良性互動十分重要。完善的資本市場才能充分發揮市場機制在企業年金治理與風險控制中的效應。因此，進一步加強金融市場

和資本市場的改革和發展，解決我國金融市場和資本市場的結構性矛盾，提高金融市場的一體化程度。金融市場和資本市場在發揮企業年金基金保值增值的過程中也相應地蘊涵著企業年金治理和風險控制當中最為關鍵的投資風險。「十二五」規劃中對資本市場提出了「提高直接融資比重，發揮好股票、債券、產業基金等融資工具的作用，更好地滿足多樣化投融資需求」的工作要求，這就應當繼續堅定不移地深化金融體制改革，加快多層次金融市場體系建設，鼓勵金融市場和資本市場創新；拓寬貨幣市場的廣度和深度，增強流動性管理功能；積極發展債券市場，完善發行管理體制，推進債券品種創新和多樣化，穩步推進資產證券化；深化股票發審制度市場化改革，規範發展主板和中小板市場。隨著創業板的成功推出以及即將建設的國際板市場，多層次的資本市場平臺逐步搭建起來，市場的參與主體將更加豐富，投資工具的選擇也將更加多樣化，這會為企業年金基金投資提供良好的增值渠道，同時也能夠對企業年金中的特定風險提供套期和對沖，促進直接融資和間接融資的協調發展。

7.2.1.2 努力加快企業年金代理人市場建設，為企業年金計劃提供合格的基金管理機構

代理人市場的競爭將對代理人的經營行為產生較為充分的激勵和約束，減少道德風險動機；同時較完整地體現代理人的經營業績，對其在代理人市場中的價值產生正的信號，增強他的聲譽，提高未來的職業價值。而那種損害受益人利益的行為將會對其在市場上的價值產生負面信號，不利於其信譽累積和公司價值提升。比較二者的效用增減，代理人會理性地約束其道德風險行為。這種依靠市場體系表達出的代理人經營能力和信譽信息，可以降低委託人進行選擇的信息成本和失誤成本，減少逆向選擇的可能性，形成對各當事人良性的外部激勵機制。這有利於為企業年金培育合格的基金管理機構。

7.2.1.3 加快社會仲介機構的培育建設，促進外部監督職能的有效發揮

在企業年金治理及其風險控制中，還應充分發揮獨立的社會仲介機構對於企業年金運行的監督制約，如外部會計師事務所、外部投資機構、律師機構等。社會仲介機構的治理職能主要依靠信息披露和公眾監督，這是內部治理不能替代的必要的治理補充。企業年金在運行過程中需要精算、會計、審計事務所和資產風險評級機構等的配合，這些機構為企業年金出具真實有效的評定結果，這既是對企業年金資產的一種監督，也是向社會客觀公正地透露有關企業年金資產的信息。因此，加快金融市場上各類獨立高信譽仲介機構的發展建設，強化社會仲介機構對年金市場的約束職能對企業年金治理有重要意義。

7.2.2 我國企業年金治理及其風險控制的配套制度

7.2.2.1 激勵和分配機制

在參與積極性的激勵方面，需要加強對企業年金計劃參與者有關企業年金基礎知識的宣傳和培訓，使其充分認識到企業年金是其當期勞動報酬的遠期支付，關乎自身老年生活的安全問題。這需要企業職工對企業的分配制度有一個更加清晰的認識，明白企業和個人在企業年金營運工程中所應當承擔的責任和義務。一旦與自身利益明確掛勾，企業年金計劃參與者自然會對企業年金包括治理和風險控制在內的事務產生參與動力，這一步驟的完成將首先實現「引進來」的目的。接下來，如何使得企業年金參與人真正發揮作用才是激勵和分配機制最終想要達到的結果。現階段，在理事會受託模式下，企業年金理事會是作為企業年金的受託人，接受企業和職工的年金委託，並以企業年金計劃的受益人利益為目標進行計劃的管理營運，而在法人受託模式下，則一般由企業成立的企業年金管理委員會作為委託人的代表，體現企業和職工在企業年金計劃中的參與權與知情權。無論採用理事會受託模式還是法人受託模式，都涉及企業職工如何參與以及怎樣參與到企業年金理事會和企業年金管理委員會當中的問題。這可以從提高我國企業工會的企業年金參與度入手。企業工會作為企業職工的群體組織，代表著企業職工的共同利益，企業年金作為涉及每個員工核心利益的問題，自然應當是企業工會的職責所在。然而，相對於歐美國家的企業工會來講，我國企業工會的話語權還很弱，對包括企業年金在內的涉及企業發展的決策力和想像力還相當有限，甚至出現工會作用邊緣化的現象，這顯然不利於維護企業職工的根本利益。因此，現階段加強企業工會建設，引導企業工會積極參與企業年金的營運，能夠充分代表企業職工的利益，同時有效防止企業職工在年金監督管理過程中的「搭便車」行為。

7.2.2.2 法律制度

企業年金法律制度的構建是企業年金治理和風險控制的正式制度完善的基礎。針對當前企業年金相關規章制度絕大部分還屬於部門立法的現狀，迫切需要提高企業年金相關制度的法律地位。在我國《社會保險法》中，雖然養老保險部分主要落腳於基本養老保險領域，但是在多層次養老保障體系的建設當中，以企業年金為代表的補充養老保險將對老年安全的保障發揮更加重要的作用。因此《社會保險法》的頒布也為我國企業年金立法的發展提供一個良好的契機。在充分借鑑國外企業年金法律制度構建經驗的基礎上，從整體性和系統性的角度，把握我國企業年金發展過程中的複雜性和特殊性，防止企業年金

法律構建的短期化和簡單化的價值取向。

7.2.2.3　文化認同

企業年金計劃的長期性、涉及人群的廣泛性以及其補充養老保險特性的敏感性決定了企業年金的發展必須得到社會群體的廣泛認同。作為一項新興的補充退休收入計劃，其所帶來的養老文化衝擊和移植將重構我國養老保障的文化基礎。從我國傳統的東方文化出發，個人養老保障經歷了單獨的家庭保障到企業包干，再到家庭和企業共同保障的一個變遷過程。企業成為養老保障的重要載體，企業年金也走過了從企業保險、企業補充養老保險再到現階段企業年金的發展歷程。在這個過程中，以家庭為主的傳統保障形式逐漸被以企業為主的現代社會保障形式所取代。

企業年金信託文化的衝擊。信託文化作為英美國家的社會文化基石，對於我國來說顯然是舶來品，對信託文化的理解、包容和認同是信託型企業年金發展的先決條件。從我國信託型企業年金治理結構中對信託文化的理解看，同英美甚至我們的近鄰日本也存在著不同的地方。我國信託法中對轉受託和委託代理關係之間的界定有著本質的不同。

7.2.2.4　信任制度

培養企業年金治理和風險控制中的信用基礎和信任機制。我國企業年金治理和風險控制無論採用理事會受託模式還是法人受託模式，都需要建立起企業年金參與各方的信用機制和信用體系，換句話說，企業年金治理和風險控制中的信用機制和信用體系就是需要為企業年金計劃參與各方提供一種良好關係或者持續的心理預期。博弈論認為在信息完全的基礎上，合作均衡是必然的。也就是，完全信息能夠為博弈雙方帶來充分信任的基礎。然而，在現實情形中企業年金治理和風險控制過程中信息顯然是不對稱、不完全的，這就對企業年金治理和風險過程中信用基礎和信任機制帶來了挑戰。我國企業年金治理和風險控制中信用基礎和信任機制的建設可以包含兩個方面：一是外部政府和監管機構的信用基礎和信任機制的建設，二是在具體企業年金治理和風險控制中，企業年金委託代理關係之間的信用基礎和信任機制的建設。

政府和帶有政府職能的監管機構的信用基礎和信任機制的建設首先是要合理制定和完善企業年金發展中的各項法律制度，為企業年金包括治理和風險控制在內的發展提供穩定的政策預期。其次在企業年金發揮市場機制的營運過程中，合理把握政府的角色定位，防止政府的缺位和越位。最後，企業年金治理和風險控制的監管機構對企業年金的監督和管理必須制定一系列透明的評判體系，對具體事務的處理也需要做到公正、公開和透明。

如何解決企業年金治理和風險控制中的兩層次的委託代理問題是我國企業年金治理和風險控制的關鍵問題。委託人與受託人之間、受託人與各個年金參與主體之間需要建立起長期穩定的信用基礎和信任關係。《企業年金試行辦法》明確規定了我國企業年金採用理事會受託模式和法人受託模式，相對於法人受託模式來說，企業年金理事會受託模式還面臨一定的法律障礙，這使得企業年金委託人對理事會受託模式存在不確定性，這不利於計劃委託人對理事會受託模式的選擇，從而妨礙企業年金治理模式的優化。而對於法人受託模式來說，企業年金受託人的選擇是企業年金治理和風險控制的關鍵環節之一。基於信託模式的初衷，企業年金委託人與受託人之間的關係本來就是建立在相互之間充分信任的基礎上的。只有當兩者之間存在長期堅實的信任基礎，委託人對包括受託人在內的企業年金管理機構擁有高度的認同情況下，企業年金計劃設計和營運才能得到企業和職工的廣泛支持，對企業年金的治理和風險控制才能起到良好的推動作用。作為外部的專業金融機構，一般來說，受託人與企業年金投資管理人、帳戶管理人和託管人之間，除了企業年金業務之外，還存在其他長期的金融業務往來，因此，各個外部專業金融機構基於企業年金治理和風險控制的信任體系的建設完全可以融入整個大的金融體系信用環境的建設過程當中。各個金融機構之間信用機制的建設則主要體現在激勵機制和懲罰機制上。各個金融機構之間金融業務往來從博弈論的角度來看則是典型的重複博弈，而影響重複博弈的因素主要包括博弈重複次數和信息的完備性。在重複博弈的過程中，因為博弈雙方的過去行為是能夠被觀察到的，博弈雙方為了能夠將博弈過程重複進行下去，則可能在短期利益與長期利益的均衡中暫時犧牲短期利益，在這個過程中就包含著在博弈過程中雙方遵守行業準則和相互約定，建立彼此之間長期的信用關係。一旦長期信用關係得以建立，則首先違反信用機制的一方會受到相應的懲罰，失去獲得長期更多利益的機會；反之，則能夠獲得超過一次違約收益的長期利益。而信息完備性則是當博弈雙方都不瞭解對方的行為特徵的時候，則博弈各方都有建立起良好聲譽的衝動，而良好的聲譽的基礎則是博弈參與者必須誠實守信。可見，信任基礎和信任體系的構建對於企業年金治理和風險控制各主體來說是多麼的重要，提高了治理和風險控制的有效性，降低了治理和風險控制的成本。

參考文獻

中文部分

[1] 羅伯特·E. 利坦，等. 金融部門的治理 [M] //公共部門和私營部門的作用. 陸符玲，譯. 北京：中國金融出版社，2006.

[2] 喬納森·弗里德曼. 文化認同與全球性過程 [M]. 郭建如，譯. 北京：商務印書館，2003.

[3] 奧利弗·E. 威廉姆森. 治理機制 [M]. 王健，方世建，譯. 北京：中國社會科學出版社，2001.

[4] 弗朗茨. X效率：理論、論據和應用 [M]. 費方域，譯. 上海：上海譯文出版社，1993.

[5] R. A. W. 羅茨. 新的治理 [J]. 楊雪冬，譯. 馬克思主義與現實，1999（5）.

[6] 鄧大松，劉昌平. 中國企業年金制度研究 [M]. 北京：人民出版社，2005.

[7] 科斯，阿爾欽，諾斯. 財產權利與制度變遷 [M]. 劉守英，譯. 上海：上海三聯書店，上海人民出版社，2005.

[8] 諾思. 制度、制度變遷與經濟績效 [M]. 杭行，譯. 上海：上海人民出版社，1994.

[9] 青木昌彥. 比較制度分析 [M]. 周黎安，譯. 上海：上海遠東出版社，2002.

[10] 張維迎. 產權、激勵與公司治理 [M]. 北京：經濟科學出版社，2006.

[11] 林義. 社會保險制度分析引論 [M]. 成都：西南財經大學出版社，1997.

[12] 林義，彭雪梅，胡秋明，等. 企業年金的理論與政策研究 [M]. 成

都：西南財經大學出版社，2006.

[13] 林義. 社會保險基金管理 [M]. 北京：中國勞動社會保障出版社，2002.

[14] 孫建勇. 企業年金營運與監管 [M]. 北京：中國財政經濟出版社，2004.

[15] 卓志. 風險管理理論研究 [M]. 北京：中國金融出版社，2007.

[16] 陳忠陽. 金融機構現代風險管理基本框架 [M]. 北京：中國金融出版社．2006.

[17] 宋明哲. 現代風險管理 [M]. 臺北：五南書局，2001.

[18] 劉曉林，何文炯. 風險管理 [M]. 大連：東北財經大學出版社，1999.

[19] 王曉群. 風險管理 [M]. 上海：上海財經大學出版社，2003.

[20] 中國保監會. 養老保險國別研究及對中國的啟示 [M]. 北京：中國財政經濟出版社，2007.

[21] 勞動保障部社保所，博時基金公司. 中國養老保險基金測算與管理 [M]. 北京：經科學出版社，2001.

[22] 李曜. 養老保險基金——形成機制、管理模式、投資運用 [M]. 北京：中國金融出版社，2000.

[23] 耿志明. 養老保險基金與資本市場 [M]. 北京：經濟管理出版社，2000.

[24] 江曙霞. 銀行監督管理與資本充足性管制 [M]. 北京：中國發展出版社，1994.

[25] 中國養老金網. 我國企業年金規範與發展 [M]. 北京：中華工商聯合出版社，2007.

[26] 巴曙松，陳華良，賈蓓. 企業年金理事會受託模式下的結構治理 [J]. 福建金融，2005（1）.

[27] 鮑勃·杰索普. 治理的興起及其失敗：以經濟發展為例的論述 [J]. 漆蕪，譯. 國際社會科學雜誌，1999（1）.

[28] 蔡崎峰. 企業年金基金治理結構研究 [J]. 上海金融，2010（5）.

[29] 鄧大松，劉昌平. 中國企業年金基金治理研究 [J]. 公共管理學報，2004（8）.

[30] 鄧大松，吳小武. 協同論在企業年金基金風險監管中的應用研究 [J]. 武漢金融，2005（5）.

[31] 費方域. 什麼是公司治理 [J]. 上海經濟研究, 1996 (5).

[32] 國務院發展研究中心金融研究所, 銀華基金管理公司企業年金課題組. 企業年金理事會受託模式下的結構治理與完善 [J]. 福建金融, 2005 (1).

[33] 胡汝銀. 中國上市公司治理機制與獨立董事制度建設 [J]. 中國金融, 2000 (9).

[34] 胡雲超. 養老基金治理結構和治理機制原則與理念 [R].「兩岸四地」社會保障國際研討會論文, 2005.

[35] 胡雲超. 我國企業年金治理 [J]. 經濟管理, 2005 (23).

[36] 孔令鋒, 黃乾. 美國養老基金參與公司治理的實踐對我國的借鑑 [J]. 經濟經緯, 2004 (2).

[37] 李連仁, 周伯岩. 企業年金信託管理的治理結構研究 [J]. 國有資產管理, 2008 (2)~(6).

[38] 李心丹. 行為金融理論研究體系及展望 [J]. 金融研究, 2005 (1).

[39] 李明輝. 公司治理趨同理論中的經濟達爾文主義批判 [J]. 江海學刊, 2007 (3).

[40] 林義. 重視培植企業年金有效營運的制度環境 [J]. 學習與探索, 2007 (3).

[41] 林義, 陳志國. 養老基金與資本市場互動機理及其條件分析 [J]. 保險研究. 2006 (2).

[42] 林義. 西方國家社會保險改革的制度分析及其啟示 [J]. 學術月刊, 2001 (5).

[43] 林義. 西方國家養老保險起源的制度文化根源初探 [J]. 財經科學, 2000 (4).

[44] 林義. 養老基金與資本市場互動發展的制度分析 [J]. 財經科學, 2005 (4).

[45] 林義. 制度分析及其方法論意義 [J]. 經濟學家, 2001 (4).

[46] 林毅夫. 現代企業制度的內涵與國有企業改革方向 [J]. 經濟研究, 1997 (3).

[47] 盧仿先, 張寧, 汪忠. 養老金介入公司治理的利益分析 [J]. 財經理論與實踐, 2005 (5).

[48] 趙曼. 企業年金制度構建及其治理結構 [J]. 理論月刊, 2004 (8).

[49] 歐明剛, 孫慶端. 基金治理結構的比較研究 [J]. 證券市場導報,

2001（5）.

［50］錢穎一. 中國公司治理結構改革和融資改革［J］. 經濟研究, 1995（1）.

［51］宋冬林, 張跡. 機構投資者參與公司治理的經濟學分析［J］. 經濟縱橫, 2002（5）.

［52］李明輝. 公司治理趨同理論中的經濟達爾文主義批判［J］. 江海學刊, 2007（3）.

［53］王信. 養老基金在公司治理結構中的作用［J］. 經濟社會體制比較, 2002（3）.

［54］王豔梅. 信託的功能——資本營運視角下的探析［J］. 當代法學, 2004（4）.

［55］魏秀麗. 我國公司治理難題——文化與結構的衝突［J］. 財經科學, 2005（5）.

［56］謝瓊. 從工會角度論我國企業年金治理結構的完善［J］. 河南師範大學學報: 哲學社會科學版, 2007（1）.

［57］章偉, 何勇. 企業年金投資風險的識別與管理［J］. 統計與決策, 2006（4）.

［58］趙曼. 企業年金制度構建及其治理結構［J］. 理論月刊, 2004（8）.

［59］鄭秉文. 企業年金治理的一個圭臬［J］. 保險與社會保障, 2006（1）.

［60］鄭秉文. 我國企業年金的治理危機及其出路——以上海社保案為例［J］. 中國人口科學, 2006（6）.

［61］鄭秉文. 論我國企業年金的改革［J］. 開放導報, 2007（4）.

［62］鄭秉文. 信託型年金制度為首選——歐美企業年金制度比較及其對我國的啟示［J］. 數字財富, 2004（5）.

［63］鄭秉文. 中國企業年金何去何從——從養老保險管理辦法（草案）談起［J］. 中國人口科學, 2006（2）.

［64］鄭秉文, 齊傳君. 美國企業年金「三駕馬車」監管體制的運行與協調［J］. 遼寧大學學報, 2008（2）.

［65］中國工商銀行企業年金中心課題組. 建立我國基於風險控制的企業年金監管體系［J］. 金融論壇, 2006（11）.

［66］閻建軍. 長期利潤模型及其在養老基金參與公司治理中的應用［D］. 成都: 西南財經大學, 2004.

[67] 鄭秉文. 警惕企業年金受託人「空殼化」現象 [N]. 中國證券報, 2007-08-08.

[68] 何偉. 我國企業年金從失範走向規範之路 [N]. 上海證券報, 2007-05-14.

[69] 巴曙松. OECD治理框架給企業年金治理以啟示 [N]. 證券日報, 2005-08-15.

英文部分

[1] Bouillon M. L., Ferrier G. D., Stuebs JR. M. T., West T. D. The economic benefit of goal congruence and implications for management control systems [J]. Journal of Accounting and Public Policy, 2006 (25).

[2] Yermo. Pension fund governance [R]. OECD Working Paper, 2001.

[3] Caldwell C., Karri R. Organizational governance and ethical systems: a covenantal approach to building trust [J]. Journal of Business Ethics, 2005 (58).

[4] Clark G. L. Pension fund capitalism [M]. Oxford University Press.

[5] Committee of Sponsoring Organizations of the Treadway Commission (COSO) 2004, Enterprise Risk Management- Integrated Framework.

[6] Davis J. H., Schoorman D., Donaldson L. Toward a stewardship theory of management [J]. Academy of Management Review, 1997 (22).

[7] Davis E. Pension funds [M]. Oxford: Clarendon Press, 1995.

[8] F. Knight. Risk, Uncertainty and Profit. University of Chicago Press, 1971.

[9] Fiona Stewart. Pension funds' risk-management framework: regulation and supervision oversight [R]. OECD Working Paper, 2010.

[10] Gordon L Clark, Roger Urwin, Leadership, collective decision-making, and pension fund governance [J]. Leadership and Collective Decision-making, Rotman Version 10.

[11] Gordon L Clark. Pension fund governance: expertise and organizational form [J]. PFGovernance, February 16th, 2004.

[12] Gregory Brunner, Richard Hinz, Roberto Rocha. Risk-based supervision of pension funds [R]. Broader Project on Risk-Based Supervision Coordinated Jointly by the World Bank and the IOPS, 2007.

[13] J. Nahapiet, S. Goshal, Social Capital, Intellectual Capital and the Organizational Advantage, Academy of Management Review, 1998, Vol 23.

[14] John Pound, The Promise of the Governed Corporation. Harvard Business Review, March, 1995.

[15] Logue, Rader, Managing Pension Plans, Harvard Business School Press, 1998.

[16] M. Catalan, Pension and Corporate Governance Reforms: Are they Twins? IMP, 2006.

[17] Mandatory Provident Fund Schemes Authority, Hong Kong. Supervisory oversight of pension fund governance [R]. Working Paper NO. 8, 2008.

[18] OECD. OECD Guidelines for Pension Fund Governance 2009, OECD Working Party on Private Pensions on 5 June 2009.

[19] Peter F. Drucker, Reckoning With the Pension Fund Revolution, Harvard Business Review, 1991a, March-April.

[20] Peter F. Drucker, Can Pension Funds Lead the Ownership Revolution, Harvard Business Review, 1991b, May-June.

[21] R. I. Tricker. International corporate governance [M]. Englewood Cliffs NJ: Prentice Hall, 1984.

[22] Robert C. Merton/ Ziv Bodie, Design of Financial System: Toward a Synthesis of Function and Structure, Journal of Investment Management, 2005, Vol. 3, No. 1.

[23] Theodore Baums, Corporate Governance in Germany: The Role of the Banks, The American Journal of Comparative Law, 40, 1992.

[24] Vittas, D. Institutional Investors and Securities Markets: Which Comes First? Policy Research Working Paper 2032. Washington, D. C.: World Bank, 1998.

[25] Vittas, D, Pension Reform and Financial Markets. Central America Reform Project, Discussion Paper No. 7, 1999, Cambridge, Ma: Harvard Institute for International Development.

[26] VittasD, Institutional Investors and Securities Markets: Which Comes First, World Bank, Working Paper 2032, June, 1998.

[27] Walter Deffaa, Philip Mitchell. Internal control-integrated framework: guidance on monitoring internal control systems [R]. Committee of Sponsoring Organization, 1992.

[28] Zvi Bodie, Pension Funds and Financial Innovation, Financial Management, Autumn, 1990.

[29] Zvi Bodie and Robert C. Merton 2002, International Pension Swaps, Journal of Pension Economics and Finance, January 2002.

[30] Schmidt Reinhard H., Spindler Gerald. Path dependence, corporate governance and complementarity [J]. International Finance, 2000.

[31] Jensen M. C. Organization theory and methodology [J]. Accounting Review, 1983.

[32] OECD. IOPS principles of private pension supervision [R]. OECD Working Paper, 2006.

[33] Mandatory Provident Fund Schemes Authority, Hong Kong, China. Supervisory oversight of pension fund governance [R]. Working Paper, No. 8 August 2008.

后　記

　　21世紀開始的頭15年是我國社會保障制度改革進程快速推進的時期。盡快完善多層次養老保障體系的頂層設計成為我國在快速步入老齡化社會、人口結構變化和勞動力供求矛盾背景下，應對未來老齡人口撫養養老的重要制度保障。傳統和家庭養老和基本養老保險已無法支撐起龐大的養老壓力，多層次養老保障體系結構改革以及參數調整的定型形勢緊迫，同樣作為第二支柱的企業年金的加快發展自然也成為迫切要求。從2004年企業年金進入市場化管理以來，至今已有近十多年的經驗累積。企業年金制度框架和市場管理營運體系已初步形成，發展基礎良好。經過多年的改革探索，制度模式基本確立，政策法規逐步配套，實現了企業年金從企業自管、社保機構代管到市場化管理營運模式的轉換，企業年金基金規模和覆蓋人群迅速擴大，並有效地實現企業年金基金保值增值。2014年年底，全國有7.33萬戶企業建立了企業年金，參加職工人數為2,293萬人，年末企業年金基金累計結存7,689億元。縱觀企業年金十幾年來的發展，從建立企業年金計劃單位數量、參保人員數量以及基金累積額等方面來看，還未達到制度設計的發展預期，甚至經歷了從開始階段的熱火朝天到目前的不溫不火，企業年金的發展逐步進入到了一個瓶頸期。究其原因，除了企業年金制度本身有待完善，相應的促進配套措施還不充分之外，也必然受到整個社會保障制度深層次原因的影響，亟待通過頂層設計實現制度的優化和定型。

　　隨著我國經濟結構的調整、資本市場的發展完善、收入分配制度改革、相關稅收優惠政策的實施以及機關事業單位職業年金制度的建立，有利於企業年金發展的因素正在集聚，良好的制度的氛圍也正在形成。這都在為后續企業年金的爆發式增長積蓄能量。面對良好的制度發展預期，企業年金的可持續發展離不開制度本身的優化以及合理的管理營運。這是企業年金制度作用以及相關聯動效應得到發揮的基礎。在國內外紛繁複雜的經濟環境背景下，如果選擇恰

當的企業年金治理結構和風險控制體系成為確保企業年金基金資產安全性以及保值增值的關鍵。基金投資的效率和收益不僅體現了制度選擇的優勢，同時也避免了老年支付壓力的衝擊。在當前養老基金投資渠道逐步放寬，投資產品不斷創新的背景下，持續完善風險識別、評估和應對水平，有效落實全面風險管理，規避類似2008年金融危機以及2015年股市大幅波動的風險，保證基金資產穩定收益已成為企業年金治理與風險控制所面臨的核心問題。我們應當學習和借鑑其他國家在企業年金治理與風險控制方面的有益經驗，立足於我國養老保險制度改革的具體實踐，提煉出能夠反應我國國情的企業年金治理結構的基本理論內核和發展脈絡，分析我國企業年金治理結構及其風險控制的制度化約束條件，探討我國企業年金有效監管的制度框架和政策思路。這也正是本書研究的出發點以及力圖實現的最終目標。

　　作為社會保障領域的青年研究學者，在研究論證中難免存在不足及有待改進之處，還懇請各位專家學者予以批評指正。

辜　毅

國家圖書館出版品預行編目(CIP)資料

中國企業年金治理及其風險控制研究/ 辜毅 著. -- 第一版.
-- 臺北市：崧博出版：財經錢線文化發行，2018.10

面 ； 公分

ISBN 978-957-735-517-1(平裝)

1.年金保險 2.風險管理 3.中國

563.748　　　　107015726

書　名：中國企業年金治理及其風險控制研究
作　者：辜毅 著
發行人：黃振庭
出版者：崧博出版事業有限公司
發行者：財經錢線文化事業有限公司
E-mail：sonbookservice@gmail.com
粉絲頁　　　　　　　網　址：
地　址：台北市中正區延平南路六十一號五樓一室
8F.-815, No.61, Sec. 1, Chongqing S. Rd., Zhongzheng Dist., Taipei City 100, Taiwan (R.O.C.)
電　話：(02)2370-3310　傳　真：(02) 2370-3210
總經銷：紅螞蟻圖書有限公司
地　址：台北市內湖區舊宗路二段 121 巷 19 號
電　話：02-2795-3656　　傳真：02-2795-4100　網址：
印　刷：京峯彩色印刷有限公司（京峰數位）

　　本書版權為西南財經大學出版社所有授權崧博出版事業有限公司獨家發行電子書及繁體書繁體版。若有其他相關權利及授權需求請與本公司聯繫。

定價：300元

發行日期：2018 年 10 月第一版

◎ 本書以POD印製發行